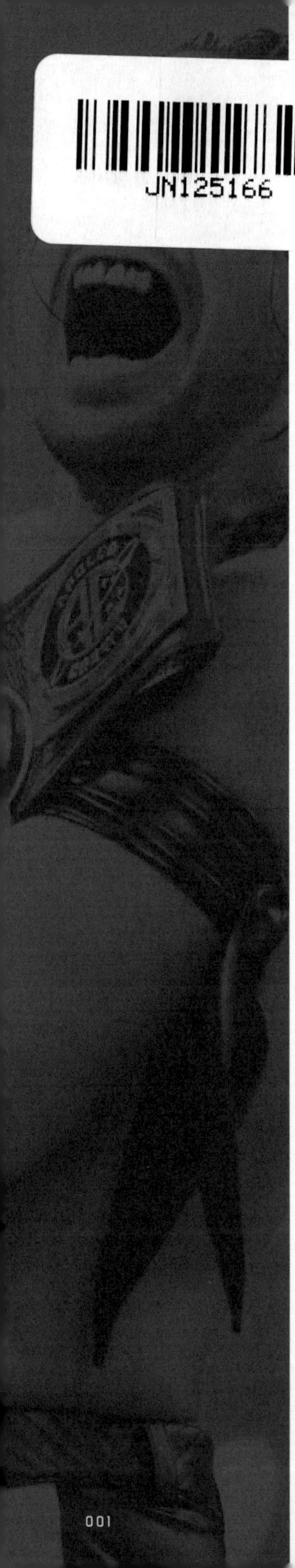

AMINOGE №117

Cover PHOTO

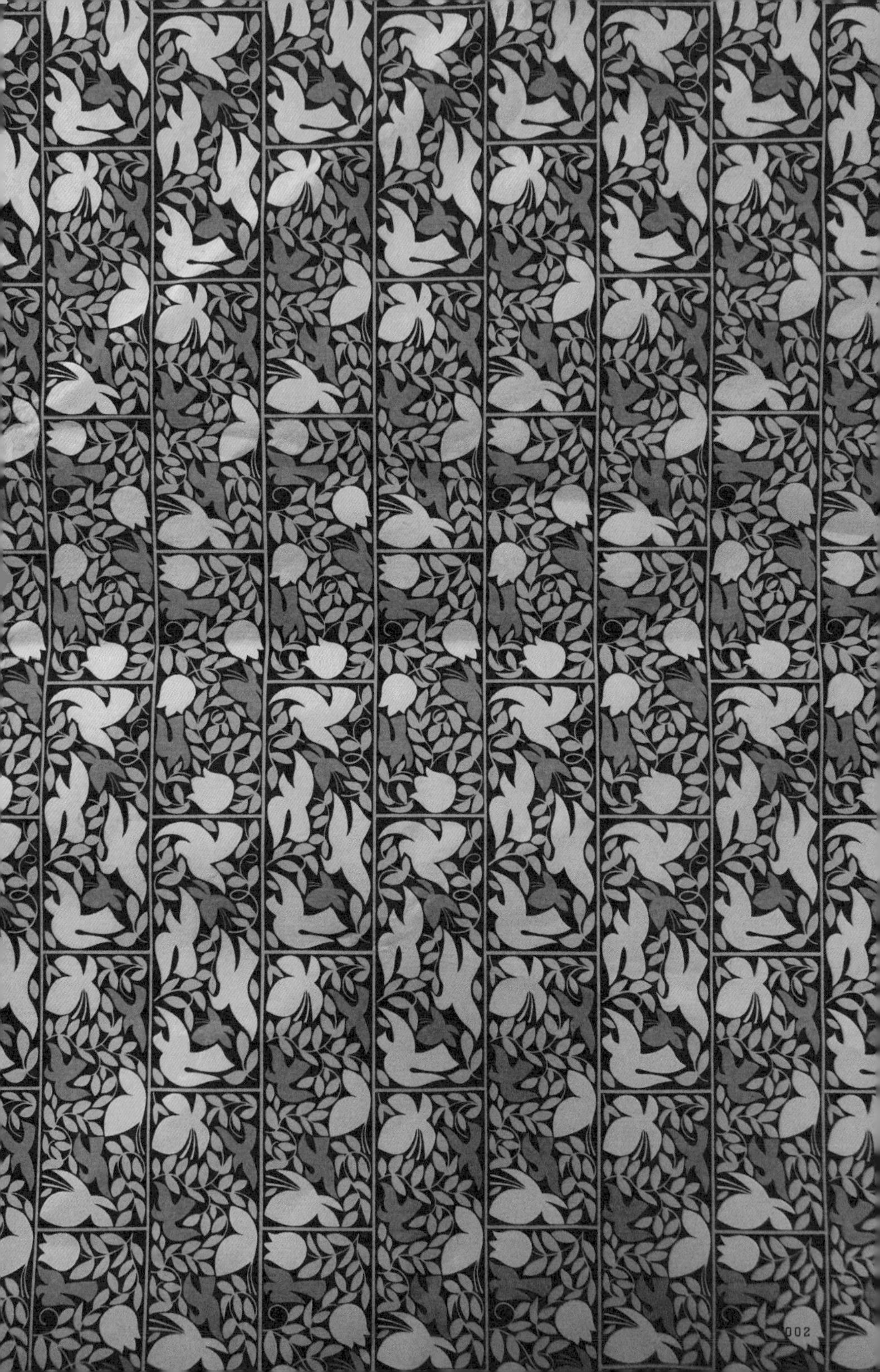

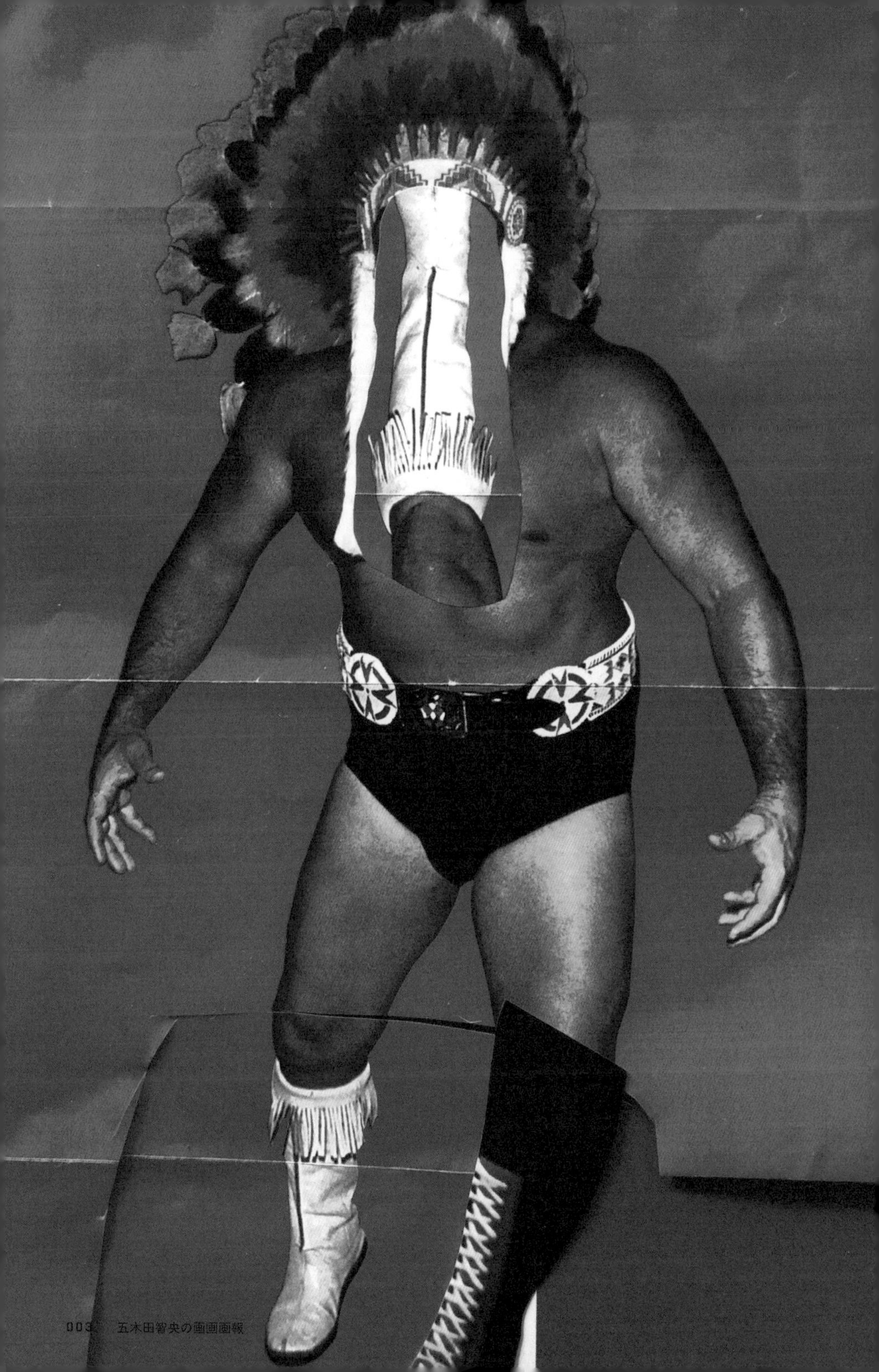

PETIT KASHIMA

俺の人生にも、一度くらい幸せなコラムがあってもいい。

VOL.116

90年代に何を見ていたか

プチ鹿島

プチ鹿島（ぷち・かしま）1970年5月23日生まれ。芸人。TBSラジオ『東京ポッド許可局』（土曜日26:00-27:00）出演中。

東京五輪の開会式の前のゴタゴタ。たとえば小山田圭吾氏の問題がありました（内容はもう書かなくていいでしょう）。

私があのとき衝撃的だったのは「小山田圭吾」を知らなかったこと。今回初めて知ったのだ。誤解がないように言っておくと、これは「○○なんて知らない」ということで謎の優位性をかまそうとするのとは違います。本当に無知を感じたのです。「いったい90年代に何を見ていたのか？」と。あらためてじっくり考えてみた。

私は1970年生まれなので90年代はイコール20代。ヤングな自分は90年代に何を見ていたのか。薄々と答えがわかる方もいらっしゃるでしょうが「プロレスと政局」です。

媒体でいえば『Ｑｕｉｃｋ Ｊａｐａｎ』ではなく『週刊プロレス』と『ニュースステーション』に夢中だった。特に1993年は細川護熙政権が誕生し、その動きに夢中だった。

それは政治がどうというよりテレビ番組として最高におもしろかったからだ。「あの自民党が分裂してとんでもないことになっている」というドロドロの人間ドラマに興奮していたのです。リアルタイムを映すテレビの凄さを感じました。もうたまりません。

『ニュースステーション』では宮澤喜一や小沢一郎など、政治家のミニチュア人形を作って解説していた。「誰が誰につけばこちらの党や派閥の人数はこうなる」という人形劇のように。いまだと久米宏さんのイメージで意識が高い番組に思う人もいるでしょうが、完全に政局解説に徹していた。「中学生でもわかるニュース」というコンセプトだったので私も毎日楽しく観ていた。

不思議なことに、プロレス界でも同じ時期（90年代前半）は新団体の旗揚げラッシュだった。

馬場＆猪木の両巨頭絶対の時代から、夢とコンセプトさえファンにウケれば誰でも旗揚げできる「多様性の時代」となったのだ。いまの世の中の先駆けだったのではないだろうか。一方でそれは「団体が分裂して人間ドラマがドロドロだった」という面もあった。あの頃、竹下派の分裂とＵＷＦ一派の分裂をまったく同じ熱量と興味で私は見ていたのである。

１９９０年12月1日、大学生の私は松本運動公園体育館にいた。学生で時間はいくらでもあったのでＵＷＦの興行観たさに遠征していたのだ。この日は団体フロントとの軋轢から、前田日明は試合出場停止処分で大会を迎えるにいたっていた。試合後にリング上の選手たちから前田が呼ばれ、レスラー全員の万歳を観たときは感動・感嘆の嵐。ああ、これでもう大丈夫だという思いを胸に、駅までの慣れない道のりをひとりで歩いた。駅の待合室のテレビでは「秋山さん、宇宙へ」というＴＢＳ特番が流れていた。それを観ながら夜行電車を待ったのだと思う。私の中では秋山さんが日本人として初めて宇宙に行くことよりＵＷＦの選手が松本で団結したことが重大ニュースだった。

しかし年明けにＵＷＦは分裂。「現実」を次々と突きつけられ、それを受け入れてどう生きていくかという、人生でもけっこう大きなテーマをプロレスで味わった。90年代はそうした事情もあって次々に団体が誕生した。

私の実感からすれば、あれだけ鉄壁だった80年代の王道の価値観（田中派&竹下派、馬場&猪木）が崩れていくあっけなさ、おもしろさ。何がブレイクするかわからない混沌とした価値観が90年代前半だった。

でもそれってサブカルチャー体験なのかもしれません。ほんとのサブカル（ヘンな言い方ですが）はまったく知らないのに、期せずして同時期にサブカルチャー体験をしていたわけです。さてこうも言えないでしょうか。90年代とはどのジャンルも価値が細分化し多様化した時代だった、とも。

小山田氏の件ではいじめ問題からの、90年代の悪趣味・鬼畜文化みたいな言葉も目にしました。私でいうなら悪趣味とはデスマッチ文化のことだった。だってそうでしょう、それまで馬場&猪木からＵＷＦの試合を観ていた自分としては対極にあるデスマッチは悪趣味そのものに見えたのだ。

しかし、悪趣味といってもプロレスの場合はレスラーが自分の身体をいじめてファンの共感を集めていたのである。大仁田厚が団体の浮沈を賭けた「ノーロープ有刺鉄線電流爆破デスマッチ」はプロレス大賞年間最高試合も受賞し、デスマッチの地位は揺るがないものとなっていった。「装置」ではなく「ヒューマニズム」を見せていたのかもしれない。私にとって、デスマッチという悪趣味は徐々に清々しいものになった。

さて「90年代に何を見ていたのか?」を書いてきたが、いまから考えるともっと見ておきたかったのがある。ＷＡＲだ。

ＳＷＳ崩壊後、新団体ＷＡＲをたちあげた天龍の逆襲がはじまった。新日本に参戦して名勝負を繰り広げた。私もビッグマッチは遠征して観戦していたが、当時大阪に住んでいたのでＷＡＲ主催の後楽園ホールに足しげく通うことは無理だった。あの頃通った人によれば多数派の新日に対し規模は小さくとも熱い空間だったという。体感したかったなぁ。これが私が90年代にやり残したことです。

“世界”に身を投じて6年目。
いちばんスゲーのは中邑真輔なんだよっ!!

KAMINOGE THE KING

収録日：2021年8月14日　写真：本人提供

聞き手：井上崇宏

WWEスーパースター

中邑真輔

「『俺って凄いんだぜ！』なんてことは
自分の口で言いたくない。
それぐらいのことをやっているという
自負はあるけど、自分自身が
まだ満足してねえわって思っちゃっているから。
まだまだがんばり足りていないし、
それでも一歩ずつ前進はしているつもりだし」

8月13日（日本時間14日）、アメリカ・オクラホマ州タルサで開催されたWWE『SMACKDOWN』大会で、〝KING〟こと中邑真輔がインターコンチネンタル王者であるアポロ・クルーズを破り、2020年1月以来、同王座2度目の戴冠を果たした。

このインタビューはそのベルト奪還劇からわずか数時間後に電話にて行われたもの。アメリカWWEに渡って6年目となる中邑真輔に近況報告をしてもらった。

「コロナ以降、プロレスキャリアの中でここまで家族と一緒に過ごせた期間はなかった」

――中邑さん。『KAMINOGE』としてはちょっとだけご無沙汰をしておりましたという感じですけど、また凄いタイミングというか、先ほどインターコンチネンタル王座のベルトをお獲りになられましたね。

中邑　あっ、そうですね。インターコンチネンタル王座に返り咲きです。

――おめでとうございます。期せずしてひさしぶりの『KAMINOGE』ご登場直前に王者になられて、めちゃめちゃタイムリーで最高ですよ（笑）。

中邑　そうですね、ホントに（笑）。タイトル戴冠もひさしぶりですからね。

――中邑さんとは、昨年スタートさせたオンラインサロン（『SHINSUKE NAKAMURA SECRET』）の中でボクもポッドキャストに出させていただいていて、そこでちょくちょく近況報告会みたいなことをやっているわけですけど。あらためてこの『KAMINOGE』でも、昨年から続くこのコロナ禍で、どういった心持ちで過ごされてきたのかをお聞きしたいんですけど。

中邑　コロナ以降のスケジュールに関して言うと、それまでのハードスケジュールが、週1回の無観客でのテレビ収録になった。このことが大きな変化で、しかもそれはフロリダで行われ、ボクが住んでいるオーランドで収録のときは自宅からクルマで15分圏内のところに会場がありましたから、そこで週1回試合をして、そこからまた15分で帰宅をするっていう。

――家が巣鴨あたりで、後楽園ホールに試合をしに行く感覚というか（笑）。

中邑　だから、これまでのプロレスキャリアの中でここまで家族と一緒に過ごせた期間はなかったわけですよね。日本にいた頃だって1カ月単位で全国を回っていましたし、アメリカに来てからは毎週飛行機に乗ってどこかに行っていた。そういう1週間のうちに2日ないし3日しか家族には会えないという生活だったのが、週6日家族と一緒に過ごすことができた。そうやってプラスに捉えると、「ボーナスタイムだったな」と思っているんですけど。

——試合会場も近所だったなら、実質、週7日家族と一緒ですよね。

中邑　そうなんですよ。フロリダはコロナの感染者をとても多く出していましたけど、それでもボクは約1年間、毎週PCR検査を受けてきて一度も引っかかることもなく。それこそ皆勤賞ですね（笑）。

——病欠はナシ（笑）。

中邑　ワクチン接種も終わったし、つい最近、有観客でのツアーが再開されまして。ハウスショーも毎週ではないですが徐々に再開しているっていう状況です。ただ、ここでデルタ株、ラムダ株と出てきて、今後どうなるかっていうところではありますけどね。

——まだまだまったく予断を許さない状況とはいえ、一応は日本でも迎えるべき未来の光景が、一足早くアメリカにはあるという。

中邑　そうですね。

——振り返ってみて、無観客でのプロレスってどうでしたか？

中邑　ボクはべつに気にしていなかったですね。もちろん最初は多少のやりにくさというか、一定の違和感がありましたけど、そこは「あっ、そういうことね」っていう確認で終えることができましたから、試合においては「やりづらい」とか「嫌だな」っていうのはまったく感じていませんでした。試合にフォーカスしようと思えば「こっちのほうが集中できるじゃん」っていうこともあるし、「対戦相手だけを見ておけばいいな」っていう感覚もあるし。

——でも、いまふたたび有観客となったことで、そこで無観客との違いに気づいた部分もあるんじゃないですか？

中邑　入場のときに自分の発するエネルギーとボクの入場曲を歌う客席のエネルギーとが、リック・ブーグスの奏でるエレキギターによって、よりブーストされたエネルギーを感じながら試合ができています。リング上に関しては、そこまで違和感を覚えることなくやっていましたけど、やはりお客さんの前でパフォーマンスができることには喜びを感じますね。WWEにおいても、コロナ禍での大会はもの凄く行動制限がありますし、プラスしてWWE内での選手やスタッフの大量解雇もあった。まあバジェット（予算）カットと考えるのが妥当でしょうが、実際のところはわからない。ただ、あれだけの巨大組織だから常日頃から相当な選手とスタッフを抱えていますから、それは企業として当然起こりうることとは理解しつつ、きのうまでまわりにいた人間が突然いなくなるわけだから、どうしても気にはなるし。そこで「明日は我が身」というほど切羽詰ってはいないと思うんですけど、いつ何がどうなるかはわからないから、準備とは言わないまでも構えておいたほうがいいかなとは思っていますね。

「アメリカという国を知れば知るけど気づくこともたくさんある。この国で暮らすアジア系の人間がどういう感覚でいるかとか」

——普段からなんとなくある危機感が、コロナによりさらに強まったというか。

中邑 たとえ「おまえはそんなことを気にしなくてもいいよ」って思われていたとしても、いろいろと想像はしますよね。

——WWEに行って丸5年、もう6年目に突入ですよね。

中邑 そうですね。2016年から来ているから。

——生活者としてはアメリカにはすっかり慣れてしまいました?

中邑 慣れないですね。いや、慣れたつもりになっていたら、いつも不意にトラブルが起こって目を覚まされるわけですよ(笑)。たとえばクルマの運転で違反をしたとします。キップを切られました、罰金を払いますってだけじゃダメで、裁判所に行ってくださいとか。そうなったら弁護士を頼まなきゃいけないでしょうし。警察犬に噛まれたときに弁護士の先生にお世話になったことも実際にありますけど(笑)。それとか家で何かが起こって業者に修理を頼むとなったときの業者との交渉とか。

——交渉というのは修理費とかの金額に関してですか?

中邑 そうですね。こないだも家が雨漏りしていて、最初はエアコンのダクトから漏れているのでエアコン業者を呼んだら「これはちょっとパイプが古すぎるから総取り替えだな」って言うんで、「いくらかかるの?」って聞いたら日本円で100万って言われて。

——なかなかシビれますね。

中邑 「いやいや、ちょっと勘弁してよ」って言って、業者の上司にかけあってもらったら90万になって「まあ、しょうがないのかな」と思っていたら、直している最中に大雨が降ってきたんですよ。そうしたら業者が「おっ、ここから雨漏りしてるぞ!」って言うから見たら、「おい、エアコンじゃなくて屋根じゃんよ!」って(笑)。それでまた業者を見つけて呼んだら、そっちのほうは8万円くらいで直ったんですよ。これ、もしかしたら8万円だけで済んだんじゃないのって(笑)。まあでも、しょうがないか、そういう年かと思って。

——そういう年って?

中邑 厄年だから。「カネさえ払ってそれでなんとかなるのならば。命までは取られないな」と思って(笑)。

——凄い境地!(笑)。

LUMIX

中邑　だって、こっちは医者とか病院とでさえ金額交渉をしなきゃいけないんですよ。診断や治療方法に納得できなかったらほかのお医者さんを予約して、セカンドオピニオン、サードオピニオンを受けるのは当たり前だし、治療費に関しては「えっ、こんなにするの?」ってひとこと言うだけで「じゃあ、20パーセントオフします」とか平気で言ってくるんですよ（笑）。

——医療費が時価なのは嫌ですね（笑）。

中邑　もし言わなかったら、いくら払わなきゃいけなかったのっていうことが余裕であるんですよね。だから病院とも闘わなきゃいけないし、保険会社とも闘うから、マジで気が抜けないですよね（笑）。

——日本ではやらなくてもよかった闘いが日々繰り広げられていると。

中邑　それと、やっぱりアメリカという国を知れば知るほど気づくこともたくさんありますしね。言い方が難しいですけど、現地のローカルと接したりとか、多人種の中で生活をしていると、この国で暮らすアジア系の人間がどういう感覚でいるかとか。それは自分も含めてですけど。

——1週間とか2週間滞在するだけの旅行者とはまた違いますよね。そこでいくら「現地の人たちはみんなやさしかったよ」という感想を持ったところで、実際には出くわしていない、いろんな人間がいるわけですもんね。

中邑　そうですよ。それとこれはアメリカにかぎらず、日本もそうでしょうけど、いまって数年前よりも下手にワードが使えない世の中になっているでしょ。もの凄く繊細になっていて、言葉尻を取られたりとか、何気なく発した言葉を意図的に捉えられたりとか、ほんの少し前までの価値観、たとえば「男らしい」とか「女らしい」とか、そういう言葉にしても誰にどう受け取られるかわからないから、使うことに躊躇してしまう。そういうのが本当に多くなってきているんですよね。

「やっぱり自分が求められているものはジャパニーズスタイルで、それはWWEにいるほかの誰にもできないわけだから」

——理解しなければいけないことというのが増えてきましたよね。

中邑　それこそ同じ学校にトランスジェンダーの人たちがいるのが当たり前、同じクラスに何人もっていうのは、ボクらの時代ではあまり考えられなかったじゃないですか。それは無知だったからなのか。

——そうですね。想像したこともなかったですね。

中邑　でも、いまのアメリカの小学生、中学生たちはそれを普通に受け入れているんですよね。だけど前時代的な考え方を持つ大人たちは「男の子なんだから男らしく」とか「女の子なんだから女らしく」って言ってしまう。でも子どもたちは個人の好みや主義や選択を尊重するということを自然に受け入れている時代だなっていうことは感じますよね。なので人前に立つ人間としては、そういう新しい感覚っていうのを子どもたちから学びますよ。いま、特に自分が肌で感じているアメリカはそれが普通になっちゃっているから。

——生活の中で気づく。

中邑　もちろん、中にはそこを理解できない人もいるんでしょうけど、やっぱりそういう人たちは現代社会からはキャンセルされまくっているわけだし。でもキャンセルされたくないからそうしなきゃっていうことじゃなく、自分の身近な人間たちがそういう感覚になっている以上はそこに理解を示してあげたいし、学べるチャンスなんじゃないかなと思っていますね。だからその延長線上として、リング上での自分のあり方とか言葉の発し方とかにしても、問題になるから気をつけるということじゃなく、いままで以上にさまざまなことを理解していきながら、感覚をもっと柔軟にしていきたいと感じていますね。

——ではWWEのレスラーとして、この5年はいかがでしたか？

中邑　さすがに生放送で試合をするということにはだいぶ慣れてきたというか、毎回当たり前のように起こるプランの変更と言いますか、そういうことにも対処できるようにはなっていますよね。ある種、試合を俯瞰して見られる感覚が生まれたのかなとは思っています。俯瞰して見るというよりも、一部分では冷めているのかなとは思いますけどね。

——それは冷静ってことですよね。

中邑　そうそう。冷静に俯瞰して見れている。それで試合の組み立てには、Aプラン、Bプラン、Cプランと用意していて、こないだまではDプランまで必要だったんですけど、それらを駆使してとにかくリング上はどうにかするという。そういった部分にも対応できるようになっているとは思いますけどね。

——ちょっと素人的にはわかりにくかったですけど（笑）。日本でのレスリングのやり方とはまったく違うんだろうなと思うんですけど、日本式は完全に忘れた感じですか？

中邑　いや、忘れてはいないですよ。

——やっぱりそこは地続きなんですね。

中邑　そうです。やっぱり自分が求められているものっていうのは、ジャパニーズスタイルっていうところもあるし、それはWWEにいるほかの誰にもできないわけだから自分が率先してやりたいことだし。だけど日本のスタイルがそのままここで通用するのかって言ったら、絶対にそうじゃないし。日本でプロレスをやっている感覚そのままでこっちに来ても、最初の少しの間だけは通用するとは思うんですけど、やっぱり中に

入って行けば行くほど柔軟に対応していかなきゃいけないっていうのはありますね。そこにはNXTとメインロースターとの違いもあるし、絶えず変化する部分もあるし。

――絶えず変化する部分というのは具体的にどういうところですか？

中邑　たとえば、ここ数年で技に対する規制がだいぶ変わってきているんですよ。いままでは頭を打つような技はダメで、さすがにパイルドライバーはアンダーテイカーのお箱だからほかの誰も使わないですけど、チャド・ゲーブルなんかはドラゴン・スープレックスやタイガー・スープレックスを使うことが認められたんですよ。いままでのWWEでジャーマン・スープレックスというと、カート・アングルのようにフラットに落とすタイプだったんですけど、しっかりとブリッジを効かせたゴッチ式というか、いまはそのスープレックスを使っても大丈夫になっていますし、それこそNXTのチャンピオンのカリオン・クロスは、フィニッシュホールドに入る前にかならずサイトー・スープレックス、いわゆるひねりを効かせたバックドロップを使っているんですよ。

――マサ斎藤式ですね。

中邑　それって5年前だと無理だったんですよね。そういう変化というものがある。

「すべてはオーナーであり、ブッカーでもある、WWEにおいての真の神（ビンス）が決めること」

——ここにきて表現の幅が広がったという。

中邑　それとかレフェリーが反則カウントを数えるときに、ちゃんと「ワン、ツー、スリー、フォー、ファイブ」までカウントするようになったり。

——「ワン、ツー、スリー、フォー」で「おい、やめろやめろ！」って静止するのではなく。

中邑　それはもうダメで、レスラーが反則をやめなかったらそのまま5カウントを取るようになったんですよね。あとはWWEは場外カウントが10カウントなんですけど、それも厳格にレスラーの身体がリング外に出た瞬間から数えるようになったりとか。

——表現の幅が広まったのか、狭まったのか（笑）。それまで禁止となっていたブリッジを効かせたスープレックスがオッケーになったりというのも、WWEとしては大きな変革だと思うんですけど。

中邑　それらはビンス・マクマホンの感覚の変化ということでもあるんですよね。一時期、エルボー合戦について「なんでガードを上げないんだ？」「なんで打たせてるんだ？」とかって、いまもそうですけど、そんなことを細かく言われたりすることもあったりしましたね。リアルな方向に向かいたいのか、エンターテインメントしたいのか。その答えはビンスひとりしか知らないんです。

——ビンスが感じる時代のフィーリングってことなんですかね。まさに神のみぞ知る（笑）。いや、それで言うと、ボクが常々感じているプロレスの摩訶不思議さのひとつに「なんでWWEのリングが硬いんだよ」っていうのがありますよ（笑）。

中邑　そう。マジで硬い。

——言い方はあれですけど、エンタメの最高峰ともあろうものが、そんなのさじ加減でいくらでもって思っちゃうんですけどね。ちゃんとダメージを伴う表現というのは、プロレスにとってずっと不可欠なことなのかとか。

中邑　すべてはオーナーであり、プロモーターであり、ブッカーでもある、真の意味でWWEにおいての神が決めることですからね。WWEを作ったビンスが決めたことに、正解とか不正解はないんです。

——偉大なる創造神ですからね。

中邑　だからレスラーはみんないろいろと闘っているなと思うのは、観客と闘い、社会と闘い、そしてやっぱりビンスに対してもっていう感じだと思いますね。自分のやりたいこと、表現したいことを彼に理解してもらえるかどうかという部分も

AMERICA

Campbell's
CONDENSED
BEAN
WITH BACON
SOUP
Campbell's
NEW!
CONDENSED
GREAT AS A SAUCE TOO!
CHEDDAR
CHEESE
SOUP
Campbell's
CONDENSED
Old-fashioned
OMATO RICE
Campbell's
CONDENSED
BEEF
SOUP
Campbell's
CONDENSED
BEEF BROTH
(BOUILLON)
SOUP
Campbell's
CONDENSED
CHILI BEEF
SOUP

重要ですから。
――中邑さんがWWEを志した当初の気持ちをあらためて振り返りたいんですが、世界を感じてみたい、どんなやり方をしていて、内部はどうなっているかを覗いてみたいとおっしゃっていたと思うんですけど、そのへんはだいぶ叶えられている感じですか?

中邑　そうですね。自分は本来は試合だけやっておけばいい人間なのに、興味本位でべつに見なくてもいい部分も見たくなっちゃうので。それこそ裏方スタッフの名前も覚えているし。やっぱり5年、6年もいると見えてくることもあるし。自分自身、そこでWWEの仕組みというものを知りたいだけなのか、ほかに何かを得たいと思っているのかはわからないんですけど、まあでも、最初の志はまったく変わっていないですね。今回、インターコンチネンタルのチャンピオンに返り咲きましたけど、やっぱり日本人がいままで巻いたことがないベルト、WWE王座という大きなタイトルが獲りたい。そこですよね。年齢的にはもう来ちゃってるとは思うんですけど、それでもエッジは47歳でもまだ試合をしているし、現チャンピオンのボビー・ラシュリーもボクよりもずっと歳上だし。まだまだガンガン前に出られるものは持っているつもりなので、やっぱりいちばんの目標はそこですね。
――そこでちょっとシラけたことを言うと、ずっと毎週レギュラーで登場し続けていることの凄さ、そのハードルもとんでもなく高いんだぞっていう部分も現実としてあるわけじゃないですか。

中邑　それはありますよ、本当に。
――すでに偉業を達成している最中だと思うんですけどね。

中邑　だからいい意味でも悪い意味でも、謙虚すぎるのかなとは思っていますけどね。
――中邑さん自身が?

中邑　はい。もっと「俺って凄いんだぜ!」って言ってもいいとは思うんですけど、そんなことは自分で言いたくないなと思っているし。結局、最終的には自分の好みを優先しているから。たとえば「アメリカでちょっとやってました」っていうだけで日本ではある種、「アメリカ帰り」とか「世界の」っていう実際にやっていること以上のブーストがかかるわけじゃないですか。もちろん、それぐらいのことをやっているという自負はあるんですけど、それでも自分自身が「いや、俺はまだ満足してねえわ」って思っちゃっているから、そんなことは言いたくない。でも「やっぱアピらないのももったいねえなー」と思ったりもするんですけど(笑)、こういう性分だからしょうがないかなと思って。

「東京オリンピックでの若者たちの化け物感といったらハンパない。アスリートたちからはピュアに元気をもらいました」

――「中邑ってすげえんだぞ」って言うのはボクらの役目ですね。心にメモしておきます（笑）。

中邑　でも人には言うんですけどね、「もっとアピれよ」って。でも自分では「俺って凄いんだぜ」って言っている自分に引いちゃう部分があるんで。「何を言ってるんだ、俺。カッコわるっ！」って思っちゃうんですよ。まあでも一生懸命にがんばっているし、だけどこれでいいとは思っていないし。ボクの活躍に対していろいろ不満を言うヤツがいたとしても、そんな声には聞く耳を持たないし。「おまえ、やれねえじゃん」って（笑）。言うのは自由なんだろうけど、「でも俺の問題だからさ」って。

――「いや、こんな性分でここまで来ているんだぜ」っていうのはありますよね。

中邑　そうです。べつに人にウソをついて、自分にウソをついてここまで来たわけじゃないから。そこには運もあるし、それなりにがんばったっていう自負もあるし。ただ、まだがんばり足りていないのは自分でもわかっているし。どの方向にがんばればいいのかわからない部分はあるけれど、いつでも一歩ずつ前進はしているつもりだし。だから今回の東京オリンピックでの若者たちの化け物感といったら、ハンパねえなと思いながら。

――頼もしいですよね。

中邑　頼もしいし、カッコいいなって。自分の若い頃は世界の壁をもの凄く高く感じていたけど、いまの若いヤツらにそんな感覚は微塵もないように感じる。ボクもそういうふうに生きたかったけど、そういう時代でもなかったのかもしれないし、それでも世界最高峰の舞台で闘っている若い人たちを見るとやっぱり元気をもらえるなと思って。ボクも闘っているけど、ボクらの世代の人間たちはみんなもうコーチとかになっちゃっている。

――そうですね。後進の育成に努める立場で。

中邑　まあ、ボクはボクで同世代の人とかに夢を与えられているのかなとか思いながら（笑）。でもホント、アスリートたちからはピュアに元気をもらいましたよ。彼ら彼女たちはそこで自分を証明しなければいけない、これで人生が終わってもいいぐらいの覚悟じゃないとあそこまで来られていないわけだから。

――そうですよね。あとファンクラブの会報誌っぽいことを聞きますけど、日本のレスラー仲間とは連絡を取り合っていたりするんですか？

中邑　こないだ、棚橋（弘至）さんがボクのツイッターをフォローしていることを知って、フォローバックしましたよ。

――ウソでしょ!?　いまごろ!?（笑）。

中邑　いや、たまたま棚橋さんのプロフィールを見たら「フォローされています」って表示してあったから、「あっ！」と思って（笑）。

――棚橋さんも「なんのタイミングだ?・」って思ったでしょ

うね（笑）。

中邑　あとはアメリカにいる日本人のレスラー仲間とは仲良くやっていますよ。イケメンにメシを食わせたりとか、あとはSARRAYちゃんや（紫雷）イオちゃんを家に呼んであげたりだとか。逆に迷惑だったらごめんなさいっていうか、そういうのも前時代的かなって思っちゃったりもしますからね（笑）。

――オジサンは気をつかいますね（笑）。

中邑　そうなんです。オジサンは大変。

――いや、マジで「うぜえ……」って思われていたら嫌ですね（笑）。

中邑　でもメシとかを一緒に食うことができても、現場で一緒に闘ってあげることはできないから。まあ、楽しい時間は一緒に共有してあげて、それを糧に戦場に戻ってくださいね、みたいな（笑）。しかし、マジで『KAMINOGE』もひさしぶりっスね。最近は文化人ばっかり扱うもんだから。

――そうでしたっけ（笑）。

中邑　あとは『KAMINOGE』に誰が出たらいいのかな。

「気楽にいこうぜ。最近、みんなどうしてそんなに頭でっかちになっているんだろうって思う」

――キャスティング、一緒に考えてくださいよ（笑）。

中邑　いや、ボクの知らない世界のキャスティングだからいつもおもしろいんですけど。前に表紙になっていた格闘家の、平本蓮くんでしたっけ？

――はいはい、平本蓮。

中邑　彼なんかは凄く気になりますよね。

――おー。彼は今号でも出てきますよ。

中邑　彼は顔がもの凄く綺麗じゃないですか。一介の寺の小坊主みたいなイノセントな顔をしているのにあの入れ墨でしょ。ここに来るまで、彼の人生に何があったんだろうって思っちゃいますよね。それこそ、いまの若者でしか掴めないような感覚があったのかなとか、想像をかきたてさせてくれますよね。しかもRIZINのしょっぱなでボコボコにされたってところもまた美しいし、それでもうそぶいてみたりっていうのは、若者のあるべき姿ですよね。

――そうですよね。若者の特権をフル利用というか（笑）。

中邑　そうそう。こうしてオッサンに乗っかられても困るんでしょうけど（笑）。

――オジサンは何度だって気をつかいますね（笑）。

中邑　こうやってインタビューを受けていても、あと数時間後にはまたフライトですよ。

――いや、さっきからシャーシャーとファスナーを開け閉めしているような音が聞こえるから、もしかしていま荷造りしてるのかなと思ってました（笑）。

120

中邑　そう。すっかりこんな生活がまた戻ってきた。コロナボーナスも終わりだ。

——私事で恐縮なんですけど、中邑さんは40を過ぎ、私はまもなく50になろうとしていますけど、なんかいまがいちばん仲良く遊べるんじゃないかと思っていて。

中邑　ボクと？　いや、全然遊びますよ（笑）。遊びに来てくださいよ。

——いや、同じ日本にいたら、これけっこうキャッキャしてるよなと思って（笑）。気安くて申し訳ないですけど、「大切な友達がひとり近くにいないな」っていうのがボクの中ではありますから。相談事とかめっちゃしたいですもん。

中邑　全然いつでも電話をくれたら（笑）。

——ホントにどうでもいい、「ちょっと中邑さん、今日こんなことがあったんだけど」みたいなこととかも全部言いたい（笑）。

中邑　全然言ってくださいよ。でも、そういうのはだいたい聞いてほしいだけっていうオチですよね。

——人に意見を求めておきながら、絶対に自分で解決するだろっていうパターンですね（笑）。

中邑　あるいは話している最中に解決策がおぼろげに出てきたり。

——で、「そろそろ電話切りてえな……」ってなって（笑）。

中邑　そうそう。人に相談を持ちかけたはいいけど、「もう半分以上解決してるわ」みたいな（笑）。

——そうなったら、もらったアドバイスに対しても「それは違うんじゃね？」って思っていたりしますからね（笑）。まあ、これからもみんなそれぞれにがんばっていきましょう。

中邑　がんばりましょう。まあ、がんばりつつ「気楽にいこうぜ」ですよね。最近、みんなどうしてそんなに頭でっかちになっているんだろうって思いますよ。他人を許せなくなっちゃっているっていうか、み〜んな自分基準。他人の立場に立たない、立てない。まあ、難しいことなんでしょうし、ボクもちゃんとできているとも思いませんけど。もうちょっとやさしくなれたらいいのになーって思いますけどね。

——はい、人にやさしく。じゃあ中邑さん、フライトに行ってらっしゃいませ！

中邑　はい。行ってきま〜す！

中邑真輔（SHINSUKE NAKAMURA）
1980年2月24日生まれ、京都府峰山町出身。WWEスーパースター。
高校よりレスリングで鍛え、青山学院大学卒業後に新日本プロレスに入門。2002年8月29日、安田忠夫戦でデビュー。当時、新日本の格闘技路線の申し子として総合格闘技に参戦する一方、2003年12月に最年少でのIWGPヘビー級王座戴冠を果たす。2016年1月に新日本を退団。同年2月にWWEと契約して渡米。NXTを経て2017年4月にSMACKDOWNに昇格すると、2018年のロイヤルランブル優勝やレッスルマニアでのWWE王座挑戦などして躍進。その後もUS王座、インターコンチネンタル王座を戴冠し、世界最大のプロレス団体WWEのトップ戦線で活躍中。

バッファロー吾郎Aの

きむコロ列伝!!

Buffalo GoroA

第117回 開会式

『RIZIN.29』をスカパーPPV録画で鑑賞。今成選手が凄すぎた（煽りVもとてもよかった）。いまのRIZIN出場選手を野球漫画『ドカベン』にたとえるならボンサイ柔術メンバーは明訓高校である。そうなると朝倉兄弟は兄弟ということもあって土佐丸高校だ。明訓が光なら土佐丸は影。土佐丸がいるから明訓は輝くし、明訓がいるから土佐丸の強さが際立つ。

それだけでも十分おもしろいが、ドカベンの凄いところはさらに〝異才〟を登場させることで伝説の野球漫画へと昇華した。弁慶高校やBT学園などの何をやってくるかわからない怖さは、まさに今成選手のファイトスタイルだ。負けてしまったが、今成選手の闘いをまたRIZINで観たいと思っているファンは少なくないはずだ。あと、今成選手に勝った瀧澤選手の試合後のコメントはとても潔いと思った。

話は変わって、東京2020オリンピックが開幕。

マンションの屋上から国立競技場が見えるので花火見たさに屋上で待機。花火の直後に競技場上空に巨大な謎の球体が出現。球体の正体は1800機以上のドローンの集合体。球体はオリパラのロゴや地球などに滑らかに姿を変える。その様はまるで『ヱヴァンゲリヲン』の使徒のように不気味。でもそれがまたカッコいい。

以前ネットでドローンの集合体が打ち上げ花火と同じ動きをする『ドローン花火』を見たときから、死ぬまでに一度生で見たかったのでむちゃくちゃテンションが上がった。

部屋に戻った私は眠ってしまい夢を見た。人の夢の話はつまらないモノだが、とても興味深い内容だったのでココに紹介したい。

東京オリンピックならぬ『バ吾Aリンピック』の開会式。

選手入場の音楽は日本が誇るゲーム音楽が使用されるのは本家と同じだが、こちら

バッファロー吾郎A

バッファロー吾郎A/本名・木村明浩（きむら・あきひろ）1970年11月24日生まれ/お笑いコンビ『バッファロー吾郎』のツッコミ担当/2008年『キング・オブ・コント』優勝

は参加国それぞれに合ったゲーム音楽が使用される。たとえば野球が強いドミニカ共和国が入場するときは『ファミリースタジアム』のBGMが流れ、F1で有名なモナコ公国のときは『ラリーX』、サッカーのイメージが強いブラジルは『ファミコン版キャプテン翼』、フランスは『ファミコン版キャプテン翼』の中で翼くんが岬くんを探すミニゲーム『岬君を探せ!』のBGM。ほかには、

@ロシア→『テトリス』
@中国→『スパルタンX』
@アメリカ→『ポパイのえいごあそび』
@イタリア→スーパーマリオの海の面。
@インド→ダルシムの「ヨガファイヤー」連呼(たまにヨガフレイムが入る)。

など、お国柄が反映されて見ていて楽しい中、いよいよ開催国日本の登場。日本を象徴するゲーム音楽として使用されたのはドラクエでもなければポケモンでもない。なんと『スーパーファイヤープロレスリング』のレスリング道場(初心者トレーニングモード)のBGM。もちろん若本一徹コーチの「ダメだ!」入り。日本に限らず選手は皆、血の滲むようなトレーニングを積んできた。そんな思いを乗せた曲はコレしかない。

いよいよ聖火点灯。本家は王さんや長嶋さんや大坂なおみ選手などとても豪華だったが、バ吾Aリンピックも負けてはいない。

ミスター・マリックさんが聖火トーチを宙に浮かせながら登場。そのまま料理研究家の土井善晴先生に渡す。土井先生は聖火を使ってブリ大根を煮込み始める。競技場にいい匂いが充満した頃にソウル五輪レスリング金メダリストの小林孝至さんに聖火が渡る。すると、どこからともなく電話ボックスが出現し、小林さんがそこに金メダルを入れたセカンドバッグを忘れるというパフォーマンスで場内が沸く。ちなみに余談だが小林さんは「現役当時、腹筋は何回できたか?」と聞かれたら「回数はわからないが、だいたい4時間」と答えたらしい。小林さんから以下の著名人に聖火が手渡されていく。

ノブ&フッキー
石田えり
アイアム野田
南こうせつ

錚々たるメンバーだ。

そして聖火はいよいよ南こうせつさんから〝火の玉小僧〟こと菊地毅さんに手渡され、階段を上り、聖火台に点火すると同時に花火が上がると、それをキッカケに国立競技場上空にドローンの集合体が出現。

集合体はオリンピック・パラリンピックのロゴになり、そして地球に変化したあと、『オリンピック第1回大会の出場国は7カ国である。○か?×か?』

という文字に変形し、それを見た選手や関係者たちがアメリカ横断ウルトラクイズのように正解だと思うほうに移動し始める。ちなみに正解は『×』で14カ国。問題は優勝者がひとり決まるまで繰り返され、優勝したのは南こうせつさんで、優勝賞品としてスイスの高級腕時計ラドーが手渡された。

私はココで目が覚めた。

いろんな問題を抱えながらの開催。選手に罪はない。パラリンピックも楽しみだ。

そして石渡選手、お疲れ様でした。

プロレスがわかれば世の中が、
そして世界が見えてくる。

斎藤文彦×プチ鹿島

プロレス社会学のススメ

活字と映像の隙間から考察する

撮影：タイコウクニヨシ　写真：平工幸雄　司会・構成：堀江ガンツ

第17回

東京五輪とは何だったのか？

2021年7月23日から8月8日までの17日間、東京都で開催された『東京2020オリンピック』。205の国と地域から約1万1000人の各競技選手が参加し、健闘をしたが、深刻な新型コロナ感染拡大の中での開催強行に、多くの疑問と批判、論争が繰り広げられた大会でもあった。

果たして、東京オリンピックは国威発揚のための開催だったのか？　力道山ブームの真実と照らし合わせながら検証してみたい。

「パンデミック下での五輪開幕にしっかりと反対しなかったのは日本のメディアだけです」（斎藤）

――今回、この対談を収録しているのは8月4日、東京五輪の真っ只中ということで、やっぱりその話題は避けられないですよね。

鹿島　ここ数年間の日本の社会を考える上で「東京五輪とは何だったのか？」というのは絶対に総括しなければならない、大きなテーマですからね。この夏、何を見たか、体験したかというのは、残しておいたほうがいいと思います。

斎藤　テレビをつければコロナ関連のニュースよりも、NHKも民放も朝から晩までお祭り騒ぎでオリンピックを放送している状況ですからね。ここまで五輪一色になったのは、これまで記憶にないです。

鹿島　NHKと民放が共同で放映権料を交渉・購入しているんですよね。朝日新聞のオピニオンでおもしろい記事があったんですけど、「1988年のソウル五輪のときは放映権料77億円だったのが、今回の東京五輪は2018年の平昌冬季五輪とセットで660億円だった」と（7月28日）。つまりそれだけ高騰しているわけですよ。

――すさまじい高騰ぶりですね。しかも1988年といえば、バブル真っ只中で日本が凄まじく好景気だったときの77億円と、いまのお金のない時代の660億円ですから、数字以上の格差がありますよね。

鹿島　で、実際に2032年夏季大会まで

はオリンピックの放映権を購入済みらしいんですけど、来年のサッカーワールドカップ、カタール大会の放映権はまだ話が見えていないらしいんですね。どういうことかと言うと、たとえばDAZNのようなお金を持っているネット媒体が放映権を独占で購入したら、サッカーが無料で観られなくなる可能性がある。そういう時代が来るんじゃないか、という。

——なるほど。国内相手のテレビ局じゃ、全世界を相手にする媒体に太刀打ちできなくなるかもしれないわけですね。

斎藤　スポーツの映像ビジネス、版権ビジネスは、どんどんそういう方向に行くんだと思います。

鹿島　ボクが驚いたのは、東京五輪の盛り上がりとは別に「東京の感染者数が月曜で過去最多」と騒がれた日があったじゃないですか（1429人）。

斎藤　東京都の新規感染者数ですね。

鹿島　あとは広島の黒い雨訴訟で政府が上告を断念するという大きなニュースもあって。ボクはその背景を知りたいと思って夜のニュース番組を観たんですけど、『報道ステーション』と『ニュース23』はオープニングから40分間ずっとオリンピック。翌火曜日にいたっては『報道ステーション』がオリンピック中継のためお休みっていう。知りたいことが報道されていない、〝報道されてないステーション〟になっていたんですよ（笑）。

——報道の無人駅って感じで（笑）。

鹿島　あれを観たとき、「なんだよ、この番組スタッフは！」って一瞬思っちゃうんだけど、もっと上の問題で、局で放映権を買っちゃっているから使わないと損なんでしょうね。だから朝から晩までやっているし、報道番組もお休みってことになっちゃう。そうやって1日中テレビがお祭り気分を流していたら、みんな開放感を感じて、そりゃ出歩きもするでしょうっていう。

斎藤　その一方では、緊急事態宣言下という現実があるじゃないですか。本来、オリンピックという「祭典」と「緊急事態宣言」は、どういう大義名分をもってしても到底並び立たないはずです。これは矛盾したメッセージになりますよね。

——「自粛」と言われても、祭り囃子が聞こえてきたら、そりゃ外にも出ますよ（笑）。

鹿島　だから五輪開会前に言われていたのは、菅（義偉）さんは「オリンピックが始まったら、国民の気分が高揚して感動したまま選挙に行くので、与党にとってはプラスになる」と本気で思っていたらしいんですね。

斎藤　秋にあると言われている解散総選挙の話ですね。

——メダリストの手柄を自分の手柄にしようという、じつに厚かましいですね（笑）。

鹿島　で、蓋を開けてみたら、たしかに高揚感はあるんだけど、それが菅さんの人気にはつながってないっていう。元も子もない。しかもお祭りムードだけは高まっているから人出は増えてしまって。

斎藤　それでいま、新規感染者が急激に増えて、本来入院すべき人が自宅療養という名の放置状態にされてしまう医療崩壊が、現実的に起こってしまったわけです。

鹿島　だから結局は、論理的な説明をずっとしてこなかったツケがいま回ってきていますよね。安倍（晋三）さんが首相のときからそうですけど、菅さんもイベント事によって〝ムード〟を利用してきたんですよ。

——〝令和おじさん〟なんて最たるものですよね。元号が変わることをなぜか自分の手柄みたいにして（笑）。

鹿島　それがいまやムードにやられているっていう、皮肉な事態だなと思いますよ。

斎藤　東京五輪をめぐるメディア環境で言うと、外国のメディアは開会前から「本当にオリンピックをやるわけ?」って、みんな懐疑的だったんです。日本のメディアだけですよ、パンデミック下での五輪開幕にしっかりと反対しなかったのは。ボクはスカパー!でCNNをわりとよく観るんですけど、東京五輪に関してはなかなか盛り上がらなくて、開会直前になってようやく花形キャスターたちが来日して「どうやら本当にコロナの中で開かれるらしいです」というスタンスで、しっかり大会自体とコロナ関連の最新情報との二本立てで放送していました。そして「これはある意味でこれまでの大会史上、いちばん注目されるオリンピックだ」みたいな批判的な感じで。

鹿島　コロナ禍での五輪に対して皮肉を込めた表現があったわけですね。

——オリンピックって本来、もっともインターナショナルなイベントのはずなのに、今回の東京五輪は凄くドメスティックな盛り上がりに感じるんですよね。日本国内は、開催国アドバンテージもあってかメダル獲得の連続で盛り上がっていますけど、その一方でアメリカでは過去最低視聴率だったりして。おそらく他国も似たり寄ったりじゃないかなって。

斎藤　そもそもオリンピック憲章では「オリンピックを国威発揚に使ってはいけない」「国別対抗戦ではありません。これはアスリート個人の競技です」ということをハッキリと謳っているんです。その両方を簡単に破っているわけじゃないですか。

——毎日毎日、「今日で日本のメダルは何個目」っていう「日本凄い!」報道がされてますからね（笑）。

鹿島　新聞も東京五輪のスポンサーになっちゃっているから、競技の報道じゃなくて〝応援報道〟になっちゃっているんですよね。ボクの記憶では1988年のソウル五輪でNHKがテーマソングをつけて連日ハイライト特番を放送し成功して以来、民放もそれぞれテーマソングをかならずつけて「感動をありがとう」的なものとセットで報じるようになってしまった。しかも同時進行で90年代以降は、サッカーのワールドカップに日本も出られるようになって、「負けられない闘い」っていうのがいつの間にかオリンピックとゴチャゴチャになっちゃっている感もあって。

「単純に反対派、賛成派で二分する話じゃないと思うんです。そこでボクは〝心配派〟と呼んでいます」（鹿島）

——たしかにサッカーワールドカップが盛り上がってから、やたらとナショナリズムの高揚を求めるような空気になった気はしますね。その流れで野球のワールド・ベースボール・クラシック（WBC）も、予想以上に盛り上がっちゃったりして。

鹿島　ＷＢＣは第１回、第２回で日本が優勝したこともあってえらい盛り上がりましたよね。でも、特に第１回ってめちゃくちゃ運営がズサンだったじゃないですか。だけど皮肉なことに、ズサンすぎて日本と韓国が何度も当たるから「なんでこんなルールなんだよ!?」って思いつつ、日本と韓国が当たれば当たるほど盛り上がるんですよ。

——因縁の対決を連戦でやっているわけですからね（笑）。

鹿島　それこそアメリカの塁審があきらかに誤審なのにトボけているから、あの温厚な王（貞治）監督が怒るという。

——あのボブ・デービッドソン審判の阿部四郎ぶりは凄かった（笑）。

鹿島　あれによって、それまでなんとなく冷ややかに観ていた日本人も「俺たちの王監督に何を！」って感じになったり。それで途中で負けても敗者復活でまた勝ち上がったり、あのズサンさや曖昧さが逆に興行として大爆発したという。

斎藤　あのときはメジャーリーグに行って、ちょっと〝遠い存在〟になっていたイチローさんが、本腰を入れて日本のチームで闘ったっていうドラマ性も大きかったですよね。

鹿島　それもありますね。ズサンな世界大戦に救世主イチローが現れる、『プロレス・スターウォーズ』的な展開。

——ハルク・ホーガンがアメリカンプロレス軍を裏切って、日本陣営に加わる感じで（笑）。

鹿島　しかもＷＢＣって、アメリカの大リーグ機構と選手会が主催する野球の国別対抗戦であって、言ってみれば越中詩郎の反選手会同盟の興行と表裏一体ですよ（笑）。

——シーズンオフに行われた選手会主催興行（笑）。

鹿島　選手会が潤うためのものが「野球の世界一決定戦」という大風呂敷を広げたことで、特に日本人は力道山的、猪木的な心をくすぐられたんでしょうね。

——だから今回の東京五輪もそうですけど、なんか第１回ＩＷＧＰっぽいですよね。「世界中で予選をおこない、真の世界一を決める空前のイベント」という謳い文句だけど、結局、日本だけで盛り上がっている感じで（笑）。東京五輪の野球なんて「これ、本当にアメリカ代表!?」っていうメンバーじゃないですか。

斎藤　メジャーリーグの球団は、シーズン中にトッププレイヤーを、しかもコロナ禍で送り出さないですよ。

——しかも間が悪いことに、五輪野球の２週間前に大谷翔平選手が出場した大リーグオールスターゲームを、日本人はみんなは観ちゃっているわけですよね。だから五輪のアメリカ代表チームを見ると「これ、ずいぶん違うな」って（笑）。

斎藤　でも日本が金メダルを獲ったら、そういうことは一切言われなくなるんです。

——「日本凄い」のほうが優先されちゃうわけですね。

斎藤　だからこれは国威発揚です。でも何度も言いますけど、オリンピック憲章にはちゃんと「オリンピックを国威発揚に使ってはいけない」って書いてあるんです。

——だからやっていることはソ連と一緒ですよね。ソ連は社会主義の優位性を示すために、五輪のメダル獲得を国策としてやっていましたけど。
鹿島　メダル獲得があたかも国の政策のようになるのであれば、ソ連的なものになるしかないわけですよね。ここ数年の動きを見ていても、ＪＯＣだったり競技団体だったりが強権的な体制で誰かひとりが権力を握っているとかっていうのは、理想のソ連になったってことですもんね（笑）。
——なぜか日本に〝ソ連〟がよみがえっちゃっているという、いびつなレッドブル軍団ですね（笑）。
斎藤　ＪＯＣの会議だって、本来はすべてガラス張りで公開されなきゃいけないのにクローズドにされていましたからね。
鹿島　そして、ついこないだまで森喜朗さんみたいな人が組織委員会のトップにいたわけですからね。
斎藤　国際的なスタンダードに照らし合わせると、あの女性差別、女性蔑視の発言はその日のうちにクビになりますよ。だけど本人やまわりの人たちは何が悪いのかもわかっていないし、東京五輪が始まったら、みんなが知らない間にしれっとまた最高顧問にしようとしたではないですか。
鹿島　「始まったんだからゴチャゴチャ言うな」っていうのが権力者側のやり方ですよね。竹中平蔵もそれをツイートしてましたよね。「政治的に姑息に目くじらを立てて批判するのは寛容・平和の五輪精神に反する。心から五輪を応援しよう、それが心ある国民の声だ」って。でも「おまえは利害当事者だろ！」っていう。だから「始まったらゴチャゴチャ言うな」っていうのは、利害当事者、権力者がかならず仕掛けてくることなわけですよ。でも、その一方で不思議だったのは、権力者でもなんでもない人たちがＳＮＳで「おまえらはオリンピック開催に反対していたのに、なんで観てるんだ！」っていう謎のいちゃもんをつけてくるっていうこと。
斎藤　そういう人たちが確実に一定数いますよね。
——なぜかオリンピック警察になって、批判していた人が東京五輪を観ていないかどうか見張るという（笑）。
鹿島　これは単純に反対派、賛成派で二分する話じゃないと思うんですよ。ボクは「心配派」と呼んでいます。心配派というのは「開催するのであれば、感染状況がステージ3の場合とか4の場合とか、基準の目安はあるんですか？」とか「実際に始まってから感染爆発したらどうなるんですか？」とか、心配な点を問い合わせていたわけですよね。でも政府はそれに一切答えぬまま五輪開会になだれ込んでいったじゃないですか。べつに心配派は五輪を嫌悪していたり、邪魔しようとしていたわけじゃなく、心配だから問い合わせているだけなのに、それをオリンピックが始まったら「おまえら、なんで観てるんだ！」って言うのはおかしいですよね。
斎藤　いろんな問題を抱えているのに「始まったんだから黙れ」というのは、「戦争が始まったんだから黙れ」とまったく同じロジックです。
鹿島　とにかく今回の東京五輪については、〝興行主〟や五輪という興行を利用しようとしている政治家、東京都のトップたちが何も説明しないから、〝心配派〟というのはそこらへんをずっと問うてるだけなんですよね。

ガワのほうを。

「力道山時代に敗戦国である日本を高揚させたという定説は、じつは１９８３年（昭和58年）くらいに作られたものなんです」（斎藤）

――「選手はがんばっているんだから五輪開催に反対するな」っていう声もありますけど、運営側のあまりのズサンさを指摘しているだけですもんね。

鹿島　そう。たとえば巨人ファンでも、選手を応援しているからこそ「ナベツネおかしいじゃねーか！」っていうのが成り立つわけですよ。今回の東京五輪は、なんだったら運営側がしっかりしないから選手が矢面に立たされるわけで。「選手のためにももっとしっかりやるべきだ」っていう意見が出て当たり前だと思います。あまりにもズサンすぎるし、なんだったらボクらは都民ですから利害当事者なんですよ。

――運営に充てられている莫大なお金は税金ですもんね。いわば都民は事実上、強制的に小口スポンサーにさせられている状態という（笑）。

鹿島　チケットを買う以前に、買わされているような状態なわけですから「だったらちゃんとやれよ！」っていうね。

斎藤　猪瀬都知事のときに「コンパクトでいちばんお金がかからないオリンピックだ」と言っていたのに、蓋を開けてみたらついに4兆円にまで膨らむことがわかっちゃったわけでしょ。

鹿島　だから招致時の立候補ファイルの時点でおかしいんですよ。「この時期の東京は温暖でアスリートにとって最高の気候」とか言って（笑）。

――実際はテニス界のスーパースター、ジャコビッチがマジギレするほどの猛暑で、海外メディアに「日本はひどいウソをついた」と報じられる始末ですからね（笑）。

鹿島　だから最初から大ウソをついてるし、それをしれっと受けて認めたのがＩＯＣだから、どうしようもないんですよ。これがクラウドファンディングでやるようなイベントなら、「ひでえ大会だなあ」って笑っていられるけど、ボクらは当事者じゃないですか。税金が使われ、場所を使われ、交通規制もあり、首都高も１０００円ぐらい値上げされたわけでしょ。

斎藤　ボクはいま絶対に高速に乗らないです。

――ボクも含め多くの都民が通っていた東京体育館のプールも、五輪のおかげで何年も使えない状態ですからね。

鹿島　だから多かれ少なかれ生活に関わることなわけだから、「おかしいじゃないか！」「説明して！」って言うのは当たり前なのに、「始まったらもうゴチャゴチャ言うな！」みたいに言われる。変な話、それを竹中平蔵が言うんだったらわかるんですよ。

――なぜか政府のネット志願兵みたいなのが湧いてくるんですよね（笑）。

鹿島　気持ちよく権威側に乗っちゃって、選手がメダルを獲ったら自分の手柄のようによろこぶという。そういう人は多かれ少なかれ昔からいたんでしょうけど、いまはＳＮＳがあるからもの凄く顕在化してますよね。

――「多様性」が大きなテーマになっている現代の五輪において、これだけあからさまなナショナリズムを見せられると「これ、本当に2021年!?」って思うんですよ。プロレスで言えば、力道山時代じゃないんだからっていう。

斎藤　力道山時代のナショナリズムで言えば、「力道山が憎きアメリカ人を倒すことで、敗戦国である日本を高揚させた」っていう定説がありますけど、その定説自体がじつは1983年（昭和58年）くらいに作られたものなんですよ。

鹿島　えっ、そうなんですか!?

斎藤　あれは〝犯人〟と言うと変ですが、それを定説化した方がいるんです。

――誰ですか？

斎藤　村松友視先生です。戦後、力道山の空手チョップでアメリカ人をバッタバッタとなぎ倒して、ナショナリズムを高揚させたっていうのは、たしかに村松先生の少年時代の思い出なんだろうけど、それが定説として一気に広まったのは力道山の死後20年くらいからなんです。

――つまり『私、プロレスの味方です』が出どころだと。

斎藤　本当に当時の観客がアメリカ人レスラーを心から憎んでいたとしたら、日本プロレス黎明期の力道山＆木村政彦vsシャープ兄弟のときに鬼畜米英の続きみたいに「アメリカ人を殺せ！」ってなるはずでしょ？　でも、そんなことは誰も言っていないんです。

鹿島　街頭テレビにもの凄い数の群衆が集まっていたのは写真で見て知っていますけど、どうやって盛り上がっていたかっていうのは、たしかに言われてみればドラマの再現だったり、映画でしか知らないですよね。あとは本やエッセイとかでしか。

斎藤　実際はみんなニコニコしながら新しいカルチャーとしてのテレビジョンを楽しんでいて、「アメリカ人を殺せ！」みたいなシーンは映像には残されていないんです。

――勧善懲悪な、新しいスポーツ、エンターテインメントを観ている感じだったんですかね。

斎藤　実際、戦後にアメリカから輸入された最初のスポーツカルチャーがプロレスであることはたしかなんです。これは陰謀論と言ってしまえばそういうことにもなるのかもしれないけれど、トルーマン大統領の「3S」政策ってありますよね。「スポーツ、スクリーン、セックス」ですね。だから成り立ちとしては、アメリカ側が指名した日本国内におけるプロレスの〝総理大臣〟が力道山で、コンプライアンスの時代じゃないから読売新聞も〝裏社会〟も一緒になって力道山を応援して、NHKも日本テレビもプロレスを中継したでしょ。

鹿島　日本テレビ初代社長の正力松太郎さんは、その後、政界にも行くわけじゃないですか。そして日本テレビでは、力道山のプロレス中継とディズニーのアニメを隔週でやっていたというのは、いわゆる3S的な狙いがあるんだという説もありますよね。

斎藤　そういう説はあります。ブルーカラーはプロレス、ホワイトカラーはディズニーを楽しみなさいっていう。

鹿島　そこにはアメリカ文化のよさを注入する意向も働いているわけですよね。

斎藤　だから以前も少しお話ししましたが、そういった思惑の中で、日本に持ち込まれたプロレスのヒーローとしてプロデュースされたのが力道山だった。これまでのプロレス研究で言うと「力道山ひとりが凄いイマジネーションで、アメリカからひとりの力でプロレスを輸入してきた」ということになっていましたけど、本当はそうじゃないのではないか。アメリカによる日本の〝プロレス植民地化〟っていうのは昭和26年（1951年）に始まっているわけです。ボビー・ブランズ一行がGHQの慰問興行として来日して、当時メモリアルホールと呼ばれていた旧両国国技館（のちの日大講堂）で、ハロルド坂田らが試合をした。それを仕切っていたのが力道山が建設現場監督をやっていた『明治建設』『明治座』の新田新作社長です。

鹿島　よく名前が出てきますね。東京アンダーワールド的な。でも昔の興行と言えばかならずそういう関わり合いはありましたよね。日本の芸能史でもそうでしたけど。

斎藤　その昭和26年の時点で、力道山は自ら髷を切って相撲を廃業してからすでに1年が経過していた。

——大相撲からすぐプロレスに転向したわけじゃなく、その前に建設業への転身があったわけですね。

斎藤　それで新田建設の現場監督をやっていたら、GHQ慰問興行に「おまえも出場せよ」的な話があって、ほんの2週間だけ力道山と遠藤幸吉がプロレスの練習をしてそのままリングに上がっちゃった。そのときの相手がコーチをしてくれたボビー・ブランズで、それが本当のデビュー戦ですね。

「日本人がオリンピックにこれだけ熱狂的になるというのは、ロス五輪でのインパクトがデカかったですよね」（鹿島）

——その後、アメリカ修行に出るわけですよね？

斎藤　そこもまたミステリアスなんだけど、日本のパスポートを持ってアメリカ修行に行っているんですね。力道山の出身地は朝鮮半島の咸鏡南道浜京郡龍源面というところです。「いつ帰化したの？」っていう素朴な疑問は残るわけですが、帰化はしていない。これとは別に長崎県大村市にも謎の戸籍があったりする。となると超法規的措置がなされているわけですか。

鹿島　政治のトップに近い人たちが関わってたっていうことですよね。ということは、黎明期のプロレスというのは「政治案件」だったってことでしょうね。

斎藤　だから傀儡と言えば傀儡かもしれないし、力道山がもの凄いカリスマ性を持ったスーパースターであったこともまぎれもない事実ではあるけれど、「力道山ひとりのイマジネーションと行動力でアメリカからプロレスを持ってきた」というのは、あとから作られた話なんです。ボビー・ブランズ一行が来日した昭和26年の時点ですでに入植は始まっていた。そして翌年から力道山は1年半、サンフランシスコに行ってプロレス修行、プロモーター修行をしてくるわけじゃないですか。そして完全にプロレスのビジネスのノウハウを身につけて帰国して、日本プロレス協会を作る。自民党の議員だ、日本テレビだ、三菱電機だと、そうそうたる支援グループがついて、そこには山口組の田岡一雄の名も入っていた。コンプライアンスもへったくれもない時代だったんですね。
鹿島　当時の日本の構造が、そこにわかりやすく象徴的に出ていたってことですよね。
——当時、誰が日本を動かしていたのかが、力道山の支援者一覧を見ればだいたいわかるという。
斎藤　表社会と裏社会も含めて、プロレスは戦後の復興文化のひとつということになるのかもしれない。そして、そこにはアメリカの思惑が多分に絡んでいるわけだから、リング上で提示されたコンテンツが日本人vsアメリカ人であったとしても、「アメリカ人を殺せ！」にはならないんです。
鹿島　たしかにそうですね。
斎藤　つまり力道山のプロレスは、アメリカとの講和条約と復興の時代の象徴なんです。
鹿島　アメリカからもたらされたエンターテインメントですもんね。
斎藤　それがテレビという、これもアメリカからもたらされたニューメディアと合体して大ブームになったわけです。
——勧善懲悪だし、わかりやすいわけですよね。
斎藤　かといって、〝憎き鬼畜米英〟という役どころでシャープ兄弟が来たわけではないんです。力道山がナショナリズムを高揚させたというのは、もちろんそういう面もなかったことはないかもしれないけど、だいたいは村松友視さんをはじめとする80年代の言論人があとから言い出して、それがリアルタイムで力道山を観ていない世代と、のちのメディアで疑う余地のない定説になっちゃったんです。
鹿島　要はテレビコンテンツを楽しんでいたわけですよね。それを考えると、オリンピックに日本人がこれだけ熱狂的になるというのは、1964年の東京五輪をのぞけば、比較的最近のような気がするんですよ。1980年のモスクワ五輪は日本はボイコットだし。だから1984年のロス五輪でピーター・ユベロスがオリンピックを商業化させた、あのインパクトがデカかったですよね。そして1988年のソウル五輪からNHKが毎日お祭りみたいにハイライトを放送してそれがハマって。そこからは日本でもテレビエンタメとして化けていった感じがします。
斎藤　オリンピックというのはもちろん映像化されるスポーツだから、メディアとの相性は抜群ですよ。そして1988年といえば、久米宏の『ニュースステーション』、というよりも電通プロダクトとしてのニュース・エンターテインメントは、もうすでに放送開始しているんです。
鹿島　やってますね。そして次の1992年バルセロナ五輪では、民放でタレントが総合MCみたいなことをやるようになって、さらに応援報道になっていく。わかりやすく言えば『24時間テレビ』を毎日やっているみたいな感じですよ。そして金メダル獲得へのこだわりがどんどん上がっていった。
斎藤　システマチックに国威発揚のためにオリンピックを利用しようとした自民党ブレーンっていうのは、もちろんいたと思いますよ。
鹿島　電通とかが入ってイベントとしてね。
斎藤　オリンピック選手の政界転向が続いたのはそのあとですよね。橋本聖子もそうだし。

鹿島　あとは冬季ですが、1994年の長野五輪が盛り上がったっていうのもありますよね。ただ、そのあとの長野はひどい状態ですけどね。

斎藤　経済破綻したような状態になりましたよね。

鹿島　そうすると今回のオリンピックに関しても言い続けていかないと、誰か影響力のある人が歴史改ざん的なことを言い出したら、それが定説になりかねない。

斎藤　「コロナに打ち勝った日本!」ってあとから言い始めますよ。

鹿島　そうですよね。ブルーインパルスで国民が密になっている写真があるわけですからね（笑）。復興五輪とか、そういうのと一緒にできたのかなって後世の人たちがそれを見て間違えちゃうでしょうね。

「情報ソースが限られてしまうとニュースも不健全になっていくと思うし、政府からの公式発表一辺倒というのは危険なこと」（斎藤）

斎藤　だから力道山がナショナリズムを高揚させたという話もいまでは揺るぎない定説となっているけど、それがかならずしも正確ではないことと同じです。もちろん、今日ボクらがしゃべったことが全部正しいと言っているわけじゃないけれど、しっかりと疑問を投げかけておかないと、大メディア言説みたいなものがあまりにも単純に信じられすぎている。

――「力道山が戦後の日本人に勇気を与えた」という話の収まりがよすぎるが故ですよね。

斎藤　でも実際はそこまでナショナリズム一辺倒じゃない。たとえばミスター・アトミックなんて「原爆」を名乗っているのに、なんの問題にもなっていないじゃないですか。

鹿島　いまなら責任問題になりそうですけどねぇ。

斎藤　ザ・デストロイヤーは力道山と死闘を演じたライバルだけど、当時からリングを降りたらベビーフェイス的なスターでした。

――そう考えると、当時からスポーツやエンターテインメントを観る上でプロレスは進んでいるんですよね。あらゆる外国人レスラーをみんな楽しんでいたんだから、今回の東京五輪よりよっぽど多様性が進んでいる（笑）。

斎藤　ボクはプロレスはリベラルでとても進んでいたジャンルだと思います。

鹿島　それを考えると、プロレスファンってそもそも大人というか、最初からちゃんと外国人レスラーのことも受け入れて楽しんでいたわけですよね。定説では力道山がアメリカ人をなぎ倒すのに溜飲を下げ熱狂した人々ということで、ナショナリズムで観ていたように思われていましたけど、観客の態度としてはむしろ成熟していた。

斎藤　ボクはそんな気がするんです。実際に昭和30年代前半、力道山存命の時代からすでに「プロレス八百長説」っていうのはなかったわけではないんです。大人が「あれはね、すべてショーなんだ」って言うと、子どもが「えーっ、違わい!」っていう会話もありつつのスポーツであり、エンターテインメントであり、どこかでは手品っぽいものでもありっていう。「よくわからないけどおもしろい」という転がし方はすでにあったと思うんですよ。

鹿島　当時から嗜み方ができていた感じがしますよね。決して、言われるようにナショナリズム一辺倒ではなかった。だから今回の東京五輪なんかも、終わってから政治家になるような人らが記憶の改ざんをやり始めるかもしれないですよね。「これぐらい反対派が占めている中で、自分たちはがんばって大成功させたんだ!」みたいな感じで。

斎藤　この現代において、こんなにあけっぴろげに国威発揚をやっているオリンピックにはむしろびっくりですよ。それこそ日本中が日の丸を振ってもおかしくないくらいの勢いじゃないですか。だって戦後もはるか遠くなった、2021年のオーディエンスですよ?

――今回の東京五輪はちょっとびっくりするぐらいナショナリズム寄りでしたよね。これまでの五輪も、もちろん「がんばれニッポン!」が基本ですけど、それ以上にカール・ルイスとか世界の一流アスリートを楽しんでいたじゃないですか。こんなに日本人選手の「メダル、メダル」じゃなかったと思うんですよ。今回なんか、開幕前までは池江璃花子さんが東京五輪の象徴、女神みたいな感じであれだけ祭り上げられていたのに、メダル獲得とならなかったら驚くほどメディア露出がなくなったのも、なんだかなあと思いましたよ。白血病を克服して五輪出場を果たした池江さんをもってしても、メダルを獲らなければテレビ的な「感動」にはならないのかっていう。

斎藤　それだけメダル偏重の報道だったし、オーディエンスもそれを求めていたってことなのかもしれない。

鹿島　あとはメディアでこれだけの情報があっても、変わらない人は変わらないってことですよね。

斎藤　ネット育ちと言われているゆとり世代よりも、さらに若い世代のいまの20代の人たちのメディアに対する従順さにはビックリさせられますよ。

鹿島　メディアとの付き合い方は、やっぱり全盛期の週プロで学ぶべきですよね(笑)。

斎藤　プロレス週刊誌が元気だった時代は、読み分けられましたからね。週プロだけでなく、ゴング、ファイト、東スポとか、ひとつの事柄でも媒体で比較ができたじゃないですか。

鹿島　それによって、ボクらも情報のとらえ方を鍛えられましたからね。

斎藤　やっぱり情報ソースが限られてしまうとニュースも不健全になっていくと思うんです。政府からの公式発表一辺倒というのは、危険なことでもある。

鹿島　それに対してちょっとでも「あれ?」って思っている人たちが「凄くうるさい人たち」みたいに思われてしまう風潮がいまはありますからね。これはやはり、おかしなことは「おかしい」と言い続けなければいけないと、今回あらためて思いましたね。

プチ鹿島
1970年5月23日生まれ、長野県千曲市出身。お笑い芸人、コラムニスト。大阪芸術大学卒業後、芸人活動を開始。時事ネタと見立てを得意とする芸風で、新聞、雑誌などを多数寄稿する。TBSラジオ『東京ポッド許可局』『荒川強啓 デイ・キャッチ！』出演、テレビ朝日系『サンデーステーション』にレギュラー出演中。著書に『うそ社説』『うそ社説2』(いずれもボイジャー)、『教養としてのプロレス』(双葉文庫)、『芸人式新聞の読み方』(幻冬舎)、『プロレスを見れば世の中がわかる』(宝島社)などがある。本誌でも人気コラム『俺の人生にも、一度くらい幸せなコラムがあってもいい。』を連載中。

斎藤文彦
1962年1月1日生まれ、東京都杉並区出身。プロレスライター、コラムニスト、大学講師。アメリカミネソタ州オーガズバーグ大学教養学部卒、早稲田大学大学院スポーツ科学学術院スポーツ科学研究科修士課程修了、筑波大学大学院人間総合科学研究科体育科学専攻博士後期課程満期。プロレスラーの海外武者修行に憧れ17歳で渡米して1981年より取材活動をスタート。『週刊プロレス』では創刊時から執筆。近著に『プロレス入門』『プロレス入門II』(いずれもビジネス社)、『フミ・サイトーのアメリカン・プロレス講座』(電波社)、『昭和プロレス正史 上下巻』(イースト・プレス)などがある。

同時代を生きてきた戦友との
二度目の対決はさいたまスーパーアリーナで。

収録日：2021年7月23日　撮影：タイコウクニヨシ
撮影日：2021年8月12日　試合写真：©RIZIN FF　聞き手：井上崇宏

第3代RIZIN女子スーパーアトム級王者

浜崎朱加

［総合格闘家］

「自分との試合を最後に引退っていうのは嫌かな。
親方にはRIZINの舞台でたくさんの
人たちの前でまだ何戦でも
やってほしいなっていう気持ちがある。
親方とは勝っても負けても、
また一緒に笑ってメシが食えそうだなあ。
そう思える人と思いっきり
闘えるってことが幸せですね」

HOLY
SHIT

「私はRIZINのファンが思っているイメージとは全然違う。たぶん凄く真面目だと思われているんですけどマジでアホなんですよ」

――いきなりですけど、2021年になっても浜崎朱加という人がどういう人なのかって、いまだに誰も掴めていないと思うんですよね。

浜崎　いや、井上さんはもう掴んでいますよね？（笑）。

――いや、ボクもまだまったくですよ。何をもってそう思うのか（笑）。

浜崎　ウソでしょ？　前に「もう攻略した」って言ってませんでしたっけ？

――ああ、たしかに一瞬攻略したかに見えました。でも「攻略させてないぞ」っていう自信もありますよね？（笑）。

浜崎　うーん、してないいんじゃないかなー？（笑）。でも、なんとなく井上さんにはもう私の本性がバレているんですよ。べつにもともと隠してはいないんですけど。

――いや、マジでまだ見えていないんですよ。「ああ、もう全部わかったぞ」と思いきや、それをまたすべてひっくり返される瞬間があったりして。

浜崎　本当ですか？

――本当です。ただ、それはこっちの体調次第というか、好意的に見たらいい人にしか見えないし、逆にちょっと粗を探そうと思ったら……。

浜崎　粗しかないですからね（笑）。あと私はたぶん気分屋なので、そのときの勢いで動いちゃうから掴めないのかも。

――自分でも自分がよくわからないですか？

浜崎　自分でもわからないです。

――ちょっと思うのは、浜崎さんはPRIDEで大活躍していた頃の桜庭和志さんとちょっと似ているような気はしていまして。

浜崎　私が桜庭さんに？　どういうところがですか？

――桜庭さんはプロレスラーなんだけど、試合は握手で始まり握手で終わるというレスリング出身者ならではの礼儀正しさ、アスリートな面も見せつつスターになったわけですけど、ボクなんかは桜庭さんと接していて、裏面というか本当の顔も知っているわけじゃないですか。

浜崎　たしかに。

――だから浜崎さんと桜庭さんの何が似てるかって言うと、裏面の顔が表に出ることを恐れている（笑）。

浜崎　アッハッハッハ！　たしかにね、RIZINのファンから「浜崎ってこういう人なんだろうな」って思われているイメージとは全然違うと思う。たぶん、凄く真面目だと思われているんですよ。

――真面目でちょっと人格者っていう。

浜崎　全然なんですよ。

――知ってます（笑）。

浜崎　でしょうね（笑）。そこってちょっと接してみたらわかると思うんですよ。「あれ、ちょっと違うな？」って。だから、たぶんイメージを崩しますよね。本当にアホだし。

――ボクはそこも疑っているんですけど、アホぶってますよね？

浜崎　いや、マジでアホなんですよ。

――アホなふりしているほうがラクというか、なんか都合が悪くなると頭から煙が出たふりをしてません？

浜崎　それが本当にアホで、それが自分のコンプレックスでもあるんですけど。だから井上さんは自分で自分のことを「頭がよくない」って言うけど、私のまわりには井上さんとか頭のいい人、おもしろい人が多いから、そこにコンプレックスは感じてるんですよね。

――でも桜庭さんの場合はたぶん、歳を重ねていくうちにそこらへんはもうどうでもよくなっちゃったと思うんですよ（笑）。

浜崎　なるほど。私も早くそうなりたいですね（笑）。

「いまハマっているのは中邑真輔さんの入場です。もう毎日動画を観まくっていて今度の入場もあれをパロって出ようかなって」

――でもボクからすると、桜庭さんも浜崎さんも超地頭のいい人ですよ。桜庭さんはいまやQUINTETでもオモシロおじさんとして君臨しているんですけど、浜崎さんにもいつかそんな時期が来るのかなって。でも、そこがコンプレックスっていうくらいだから、まだ恐れていますよね？

浜崎　恐れてますねー。試合前、試合中、試合後とか表に見える全部が素の自分ではあるんですけど、普段の自分は見せられないです。だって、部屋を片づけられないとか超恥ずかしくないですか？

――失礼ながら、部屋が散らかってそうなイメージはありますね（笑）。

浜崎　あっ、すでに？　マジですげー散らかってるんですよ。超大雑把というか、ちゃんと片づけられないんです。まあ生き方自体もそうなんだけど、「そのときよければいい」みたいな感じで生きているんで。

――面倒なことは後回し？

浜崎　でも好きなものは最後に食べるタイプ。嫌なことを先にやることもあるんだけど、べつに部屋が散らかっていても何も気にならないっていうか、まあ、犬や猫のためにも綺麗なほうがいいよなってくらいで。

――ちょこっと気を使ってみた暮らしとか、そういったものには興味ないですか？

浜崎　どういう意味？

SHIT
HOLY SHIT

——ちょっとしたかわいい小物を置いてみるだけで部屋がグッとよくなったぞとか。

浜崎　あっ、そういうのもめっちゃ興味はあるんですけど、現実として犬と猫がいるので無理なんですよ（笑）。でもデカイ家に住みたいなとかはありますね。

——それも犬がもっと駆け回れるようにとかそういうことですよね（笑）。

浜崎　そうなんですよ。ペットのためであって、べつに自分のためじゃない。

——猫3匹に犬2匹を飼われていますけど、それはとにかく数がほしかったのか、それとも計算しなかった結果なのか、どっちですか？

浜崎　全然計算していないですよ。2匹目の猫までは計算だったんですけど。

——1匹だけじゃかわいそうだぞと。

浜崎　そう。それで2匹飼うことになったんですけど、3匹目は実家の母親が保護をした猫だったんですよ。そこで私は「これ以上は無理」とは言ったんですけど、「いや、べつにもう1匹くらい増えても大丈夫でしょ」って言われて。

——あっ、山口から連れて来たコなんですね。

浜崎　そうなんですよ。それで猫は3匹になって。でもまあ、たしかに猫だから2匹も3匹もそんなに変わらなかったんですよね。それで犬に関してはＲＥＮＡの家の犬が子どもを生んで、1匹くれるって言われて、そのときにめっちゃ悩んだくらいなので計算外ではあるんですけど、やっぱり飼ってよかったなと（笑）。それで「やっぱり1匹だとかわいそうだな」ってなったので、2匹目の犬は計算ですよね。それで気づいたら5匹。そう考えると多いわ、たしかに。本当にヤバい（笑）。

——ひとりでマネージメントするには手に余る（笑）。

浜崎　もう大変ですよ。今日も午前中に猫の健康診断で動物病院に行ってきたもん。でも動物はマジで人間よりも好きというか、人間も好きなんだけど、なんか怖い部分があるじゃないですか？　ＳＮＳとか見ていたら「人間ヤバいな」っていうか。

——アハハハハ！　ＳＮＳは人間ヤバいですからね（笑）。

浜崎　でも動物はずっとかわいいもん。

——さっき自分のことを気分屋っておっしゃいましたけど、ＹｏｕＴｕｂｅを始めてみたもののあまり積極的に更新する気配もなかったりしますよね。もうやる気がなくなりました？

浜崎　最初もやる気があったのかって話なんですけど（笑）、飽きっぽくはあるのかも。それでいまはＴｉｋＴｏｋもやってるけど、それもたぶんすぐに飽きそうな気がする（笑）。

——何がやりたいんですかね？（笑）。

浜崎　いまハマっているのは中邑真輔さんの入場ですから。もう毎日動画を観まくっているので、今度の入場もあれをパロって出ようかなって。

――滾りたい？

浜崎　滾りたい！　でも、ハマるタイミングが超遅いって言われていますけど（笑）。

「RIZINに出るまではアルバイトをがっつり週6とかしないと生活できなかったですよね。まあ貧乏でしたよ」

――ただ、YouTubeとかTikTokをわずかずつでも配信していく中で、「あれ？　浜崎って思ったよりもおもしろい人なんじゃない？」っていうのがちょっと漏れてきているじゃないですか。
浜崎　おもしろい感じが出てましたっけ？　たしかに試合のときしか私のことを知らない人が多いですよね。べつに私生活とかをバンバン出すわけじゃないから。
――あとは何かの事柄に対して表立って意見を述べるタイプでもないから、ちょっと人となりが見えづらい。
浜崎　たしかに見せていないですね。
――でも、ここにきて持ち前のおもしろさがちょっとずつ漏れ始めていると。浜崎さん、本当はめちゃめちゃおもしろいですからね（笑）。
浜崎　それを言ってるのは井上さんと裕子（アミバ）だけですよ。
――いやいや、浜崎さんはギャグセンスも相当高いじゃないですか。
浜崎　絶対にウソでしょ、それ！（笑）。
――軽妙なトークもお手の物だし（笑）。
浜崎　いや、できたら私もおもしろい人になって、そういうキャラでいきたいですよ。そもそも口下手なんで。
――口下手じゃないですよ。
浜崎　いや、口下手じゃないですか。あまりしゃべれないですよ。
――えっ、本当に言ってるんですか？　だって、どんな場面でも緊張しないでしょ。
浜崎　めっちゃ緊張しますよ。人前でしゃべるときなんかドキドキしてますから。試合のほうが全然ラク。だからRIZINの事前番組とかに呼ばれることもありますけど、あのときもめっちゃ緊張してますからね。
――そうなんですか。じゃあ、やっぱりボクは浜崎さんのことがまだわかっていないですよ。
浜崎　私はわりとあがり症で緊張しぃなんですよ。いつもチキってるんですよ。
――でも人見知りではないですよね？
浜崎　めっちゃ人見知りしますよ！　全部外れてるじゃないですか（笑）。あっ、でも最近はマシなのかもしれないですね。

高校、大学くらいまではマジでヤバくて、仲のいい友達の前とかではむしろひょうきんなんですけど、初めて会う人とかとはほとんどしゃべれなかったりしましたから。

――まあまあ、そういうタイプの人は多いですけどね。そういえば、こないだちらっと聞きましたけど、RIZINに出る数年前までは生活が厳しかったって本当ですか？

浜崎　厳しかったっていうか、アルバイトをがっつり週6とかしないと生活できなかったですよね。アメリカ（Ｉｎｖｉｃｔａ ＦＣ）でチャンピオンになったときとかもそんなにギャラはよくなかったですから、まあ貧乏でしたよ。

――でも、そういうものだと思っていた？

浜崎　そりゃ稼げたらいちばんいいですけど、まあ好きでやっていることだしっていう。

――それまで女子格闘家でがっつり稼いでいるっていうサンプルもなかったですもんね。

浜崎　ない、ない。

――格闘技一本では食えなくて当たり前というか、お金を稼ぎたけりゃ別の職業に就くよってくらいの感覚ですよね。

浜崎　やっぱりRIZINができてから日本の格闘技も盛り上がってきたけど、それまでは個々の選手にスポンサーがつくとかっていうのもありえなかったと思うし、藤井（恵）さんもそういうのがない環境で現役をやってきていたっていうのもあって。まあ、いまは特別ですよね。バブル。

――自分の中で？

浜崎　いや、格闘技界がバブルじゃないですか。いまはだいぶ下のコとかでもスポンサーがついていたりするし、時代は変わったなって思いますね。でも、だからこそいまのコたちは苦労をしていないので心配ではある。本当に。

「モチベーションは『とりあえず闘いたい』っていうそれしかないかな。試合をすること自体が好きなんだろうな」

――そのようなことを3月の浅倉カンナ戦の前にもおっしゃっていましたけど。

浜崎　あのときの「苦労していない」っていうのはべつにカンナのことを言ったわけじゃなく、私の知っているところだとＡＡＣＣの若手たちのことでもあったりしますよね。たぶん、いまの恵まれている環境が当たり前だと思っていて、本当に苦労を知らずにきているから。

――この恵まれている状況があまりよろしくないっていうこと？

浜崎　やっぱり気持ちの面で、若いうちは多少でも苦労したほうがいいんですよ。練習時間をしっかりと取れることはいいことだし、この状況がずっと続けばいいというのがもちろん希望だけど、それって格闘技の歴史からするとなかなか難しいことでもあるじゃないですか。いまの若いコが現役でいる間、ずっとこの状況のままであるという保証はないから普通に心配ですよ。

——浜崎さんはＲＩＺＩＮに登場して、活躍をしていくうちに収入面も変わってきた感じですか？

浜崎　まあ、多少は変わりましたけど、そんなに思っているほどでもないですよ。

——さいとうクリニックにはいつからお勤めでしたっけ。

浜崎　もうアメリカで試合はしていて、世界チャンピオンになる直前とかだから、5年前くらいからかな。「まだ働いてるの？」とかってめっちゃ言われますけど、だいぶ出勤日も減らしてもらっているので助かっていますよね。プラスしてスポンサーもついているから金銭面とか生活も昔よりもだいぶ安定しているし。本当にほんの数年前までは、動物病院とかに行くのも1回で1万円とかかかるから「今月は生活が厳しくなるなな」とか思ったりしていましたから。それでも絶対に連れて行くんですけどね。

——いま現在は、格闘家としては何がモチベーションになっているんですか？

浜崎　もちろん強い人とやるとか、過去に負けた人と闘うことがいちばんモチベーションは上がるし、「絶対に勝とう」って思うんだけど、なんなんですかね？　たぶん試合をすること自体が好きなんだろうな。「とりあえず闘いたい」っていうそれしかないかな。

——浜崎さんの練習に対する心の持ち方っていうのも凄く知りたいんですよね。そこも桜庭さん同様、あまり表に見せないタイプじゃないですか。

浜崎　井上さん、1回練習を見に来てくださいよ。たぶん、びっくりすると思う。

——どういう意味でびっくりします？

浜崎　超ストイックにやっているイメージを持っていますよね？

——持ってますね。だからいまも「おまえ、ウチらの地獄の特訓を見てみろよ」って言われていると捉えましたけど（笑）。

浜崎　たしかにウェイトはめっちゃやっていますけどね。

——えっ、どうしてそんなに含みを持たせる言い方をします？（笑）。

浜崎　アハハハハ。マジで1回見に来てください（笑）。

——怖いなあ。新しい技術とか技はどうやって手に入れているんですか？

浜崎　そこは阿部（裕幸）さんですね。毎日クラスで1、2個ずつ教えてくれるんですよ。私はあまりＹｏｕＴｕｂｅとかで格闘技を観たりもしないので、それくらいですよね。

ISETAN

——あまり格闘技の最新トレンドとかに興味がないような気がしますね。

浜崎　あっ、でもちょっと前はQUINTETをめっちゃ観てたな。「あっ、こんなのがあるんだ」っていう技がいっぱいあって凄いなあって。自分が真似できるかどうかは別として。

——それって悪い言い方をしたら、無知からくるフレッシュ感ですよね（笑）。

浜崎　そうそう、本当にそう（笑）。私は柔道時代にいっぱい練習をやらされて、たぶんそのときの貯金でいまもやっている気がする。

——柔道では貯金ができるくらいのところまで行ったわけですからね。

浜崎　そこにプラスアルファでボクシングだったりフィジカルとかがついているけど、ほぼ柔道だと思う。柔道とちょっとボクシングみたいな。でもボクシングも最近はあまりやっていなくて、先週ひさしぶりに野木（丈司）先生と会って、私はもう土下座する勢いで「すみませんでしたー！」って（笑）。「（カンナ戦で）野木先生に習ったことを1個も出せませんでした！」って言ったら、「いいんだよ。またやろうね」って言われて。

——あー、やさしい。あのマイルドな語り口で（笑）。

浜崎　本当にやさしい。野木先生が怒っているところ見たことないもん。仏ですよ。

「今回は3ラウンドまで行くことを予想しています。もちろん極めにいくけど、打たれ強いし、厳しい闘いにはなるんじゃないかな」

——そうやって浜崎さんはやさしい人たちに囲まれてきた格闘家人生ですもんね。

浜崎　本当ですね。たしかに甘やかされてきてるわ。

——さて、9・19『RIZIN.30』で藤野恵実選手と対戦することが決まり。藤野戦のオファーが来て、おそらくそこで考えたりっていうのはないですよね？

浜崎　そうですね。「わかりました」と。

——対戦相手が藤野さんだと知った瞬間はどう思ったんですか？

浜崎　「あー、本当に決まったか」って思いましたね。というのは、ちょっと前から「外国人選手が日本に来られなかったら藤野さんっていう可能性もある」とは言われていたんですよ。それでマネージャーからLINEで「藤野さんに決まりました」って来たから、すぐに「了解です」って返したんですけど、「マジで決まったんだ。49キロだけど大丈夫なのかな？」って。あとは何回も一緒に練習したことがあるから、ちょっとやりづらさみたいなものは感じましたよね。

――一緒に練習をやると自分のクセを知られているっていう。でも、そこは逆も然りでこっちも相手のクセを知っているということですよね。

浜崎　そうっスね。親方の場合は素直な闘い方なので、やっぱりなんとなくわかりますよ。9年前に闘ったときよりも打撃はうまくなっているんですけど、基本的に打撃以外はあまり変わっていないかなって。

――素直な闘い方というのは、山本美憂さんもわりとそういう感じですよね。浜崎さん、素直な相手は得意じゃないですか。

浜崎　たしかに得意だけどパワー系は……まあ、美憂さんもパワー系になるのか。ただ、親方はこれまで一本負けもKO負けもないんですよ。なので今回は3ラウンドまで行くことを予想していますね。もちろん極めにいくけど、打たれ強いし、厳しい闘いにはなるんじゃないかな。でも「親方」っていう呼び名が浸透しているのがそもそもウケますよね（笑）。

――めっちゃいい呼び名ですよ。フォーカスを当てやすいというか、試合も「これは膠着ではありませんよ、相撲ですよ」って好意的に観ることができるし（笑）。

浜崎　相撲スタイルだからね。ズルいよなあ（笑）。

――人として藤野さんにはどういう印象を持っていますか？　たまにご飯とかにも一緒に行ったりする仲だと思うんですけど。

浜崎　普通に好きですよ。

――人としても素直ですもんね。

浜崎　素直、素直。なんか話しやすいというか、あの人は天然なんですよね。でも、みんなが思っているほどは仲良くないんじゃないかなあ？

――出た。逆に格闘家で仲がいい人って誰ですか？

浜崎　いない。裕子ぐらいですよ。そこは「女子ってやっぱみんな仲がいいんじゃん」って思われるのが嫌だからあまり言いたくないっていう部分もあるんですけど、実際にプライベートで遊ぼうってなる人はほとんどいないですから。そういう意味では裕子以外で「焼肉に行こうよ」って誘われてふたりで行ったりするのは親方くらいかも。

――それは自分も格闘家でありながら、格闘技をやっている人とはあまり反りが合わないっていうこと？

浜崎　いや、反りが合わないとかじゃないけど、なんでですかね？　裕子みたいにプライベートでも遊ぶ人は何人かいるんですけど、自分があまり心を開いていないからですかね？

――いや、浜崎さんは社交的でもあると思っているんですけど。

浜崎　まあ、ほとんどのコたちと世代も違いますもん。

――超気の合う人がたまたま格闘家にはいないってことなんですかね。

浜崎　そうかも。それと同じジムだったら裕子みたいに仲良

くなれている人もいたのかもしれないですけど、いまは裕子と（澤田）千優くらいかな。千優ともプライベートで犬を連れて遊びに行ったりするので。でも親方はいろんな人と仲がいいですよね。いつも誰かとキャッキャしてるイメージがある（笑）。

――でも藤野さんもたぶんみんなが思っているイメージとは違っていて、あの人、じつはめっちゃ真面目ですよね。

浜崎　私もそれは思う。だから人からいじられて初めておもしろくなるタイプですよね。

――意外と本人は動かざること山の如しというか（笑）。

浜崎　動かないから、いじりたくなっちゃうんだよな（笑）。

――試合が組まれたあと、裏でふたりのやりとりっていうのはないんですか？

浜崎　あえてしていないです。でも、やっぱり基本は親方のことが好きなので、発表の会見でもそんなに煽れないまま終わっちゃって。プロレスみたいにうまく煽って盛り上げることも必要なんだろうなとは思いつつ。

「親方は強いし、パンクラスの現役チャンピオンなんだから、ここからあと何戦かやって目立ってほしいなって思う」

――カンナ戦の前の煽りは見事だったですけどね。でも結局

「言ってもこれ、プロとして盛り上げるために言ってるんでしょ」っていうのが透けて見えちゃうとちょっとシラケちゃうというか、煽るのって難しいですよね。

浜崎　たしかに。

――やっぱり半信半疑でいたいというか、「これはマジで言ってるんじゃないの？」っていうのが浜崎さんの場合だとやっぱりカンナ戦の前で。

浜崎　普段の私のイメージにはない感じだったでしょうからね。

――浜崎さんって「あの選手はプロレスラーっぽいですよね」ってよく言うじゃないですか。違うキャラを演じているという意味で。

浜崎　うん。

――でもボクなんかは「プロレスフーっぽい」と思われた時点でその人はプロレスラーじゃないぞと思っていて。「プロレスラー」と「プロレスラーっぽい」っていうのはまったく違うもので、やっぱりどんなキャラクターを演じていても、その人の本当の有り様が滲み出ているのがプロレスラーなんですよ。

浜崎　なるほど。じゃあ、カンナ戦のときの私はプロレスラーだったのかな。今回の会見はどうでした？

――普通によかったというか、それ以上でもそれ以下でもないというか（笑）。むしろ仕掛けなきゃいけなかったのは藤野さんのほうだったんじゃないかなって。

浜崎　マジで親方がなんか謙虚な感じで来るから（笑）。

――たぶん、あの人は誰にも嫌われたくないんですよ。

浜崎　あっ、なんかわかる。みんなに好かれたいというか。べつにそう思わなくても好かれてるのに。

――叩かれたりしたら本気で落ち込むタイプですよね。

浜崎　そうだし、ツイッターとかも返信が来たら全部に「いいね」してるんですよ。だから本当にいろいろとマメな人。

――人恋しいところもありますもんね。

浜崎　あー、あるある。たぶんすげー寂しがり屋。

――マッチョな寂しがり屋（笑）。

浜崎　前に一緒にマイクロ豚カフェに行ったときも、それからずっと「豚を飼いたい」って言っていて。まあ旦那さんに止められたみたいなんですけど、その次は「猫を飼いたい」って言い出しましたからね。飼ったら絶対に溺愛するでしょ。マジで親方ってなんかおもしろいんだよなー。素でやっていることがいつもおもしろいの。腹立つわー（笑）。

――前に藤野さんにインタビューをしたとき、もうヒザが限界寸前で人工関節コースはほぼ確定だと言っていて、「あと1、2戦かな」って。ひょっとしたら藤野さんは今回の浜崎戦で、自分の中で決着をつけたいのかなって思うんですけど、そういう雰囲気は感じないですか？

浜崎　あー。でも前から「あと1、2戦」とは言っていたんで。

それで「もう足を引きずっていない」って言っていたんですけど、こないだの会見でも足を引きずっていたから、もうこっちが心配になっちゃって。でもまあ、そうですね。もしかしたらそういう雰囲気もあるかもしれないですけど、私はもうちょっとやってほしいと思いますよね。これで引退っていうのはちょっと嫌ですもん。

――自分で最後っていうのは嫌ですか？

浜崎　自分との試合を最後に引退っていうのは嫌ですね。

――でも「最後は浜崎朱加とやって自分の格闘家人生の決着をつけたい」と考えている人って、ほかにもいると思うんですよね。

浜崎　それはうれしいのかな？　まあ、対戦してくれる親方には感謝していますし、自分が最後になってもいいんですけど、せっかくＲＩＺＩＮで試合をして、いろんな人から観てもらえるっていうのがあるじゃないですか。

――数年前の自分と重ねて見ちゃう？

浜崎　うん。だから、ここからあと何戦かはやってほしいなっていうのはありますね。もうちょっと目立ってほしいっていうか、もちろんパンクラスの現役チャンピオンだし、強いじゃないですか。たくさんの人たちの前で、いろんな人と試合をやってほしいですね。

――今年の頭に、浜崎さんがハム・ソヒを追ってＯＮＥに行く、行かないっていう動きがあったじゃないですか。でも最終的に「これからも日本で応援してくれる人たちの前で試合がしたい」ということで思いとどまったと。そこって本音ですよね。

浜崎　マジです。マジだし、結果的にＲＩＺＩＮで闘い続けることを選んでよかったなって思っているし。親方の場合はすでに応援してくれる人がめっちゃいるじゃないですか。だからその人たちに対する恩返しというか、まあ、ヒザもあれだからあまりこっちの勝手な希望は言えないですけど……やっぱりあと何戦かはやってほしいなっていう気持ちがあるかな。

――藤野恵実にもこのＲＩＺＩＮの世界をたっぷりと味わってほしいと。ああ、いい話ですね。

浜崎　まあ、嫌いだったら「早く辞めちまえ」って思うんですけど（笑）。

――そんな人がいるんですか？（笑）。

浜崎　いや、思いつかないですけど（笑）。選手で嫌いな人はいないかなー？　そこまで深くは付き合っていないから。

――よく知らないから嫌いになりようがない（笑）。

浜崎　そう（笑）。好きでもないけど、嫌いでもない人がほぼですね。でも親方は好き。好きだし、べつに勝っても負けても親方とならまた笑ってメシが食えそうだなと思って。そう思える人と思いっきり闘えるってことが幸せですね。

浜崎朱加（はまさき・あやか）
1982年3月31日生まれ、山口県山陽小野田市出身。総合格闘家。AACC所属。
高校から本格的に柔道を始め、純真女子短大在学中の2001年に全日本ジュニア柔道体重別選手権で準優勝して全日本強化指定選手に選ばれる。その後ケガで柔道を引退し2008年にAACC入門、藤井惠のもとでMMAのトレーニングを開始する。2010年12月17日『JEWELS 11th RING』の初代ライト級女王決定トーナメント決勝でハム・ソヒを3-0の判定で破って王座獲得。さらに2015年7月10日『Invicta FC 19』でのInvicta FC世界アトム級タイトルマッチでエリカ・チブリシオを破って王座獲得。2017年7月に同王座を返上して2018年5月よりRIZINに参戦。アリーシャ・ガルシア、黒部三奈を撃破すると同年大晦日に浅倉カンナを破ってRIZIN女子スーパーアトム級初代王座を獲得。2019年12月31日『RIZIN.20』にてハム・ソヒに判定で敗れ王座陥落。2020年12月31日『RIZIN.26』で山本美憂を破って第3代王者となる。2021年3月21日『RIZIN.27』で浅倉カンナに判定勝ちを収め初防衛に成功した。

極められたこともKOされたこともない
フィジカルモンスターがついにRIZIN登場!!

収録日：2021年7月31日　撮影：タイコウクニヨシ
試合写真：©PANCRASE　聞き手：井上崇宏

第3代パンクラス女子ストロー級王者

藤野恵実

［総合格闘家］

「私にとって浜ちゃんは本当に特別な存在。
これだけずっと同じことをやってきて、
さすがに仲間意識は凄くありますよ。
だから浜ちゃんの試合のときは
毎回『勝ってほしい！ ずっとトップに
い続けてほしい！』って思っていたんです。
でも私がその浜ちゃんから勝ちを奪うんだと思と、
凄く不思議な気持ちですね」

LISTEN TO
BOB MARLEY

「6月に浜ちゃんとご飯を食べに行ったんですけど、そのときに浜ちゃんのほうから『親方、聞いた?』って言われて」

――もう浜崎さんへのインタビューはやっているんですけど、浜崎さんの藤野さんに対する想いというか、ちょっとグッとくるようなことを言っていましたね。

藤野　マジっスか。そもそも試合の話をしたときって、浜ちゃんと一緒に焼肉を食べに行ったときですか?

――なんの話?(笑)。

藤野　あっ、井上さんが知るわけないか(笑)。

――序盤からクソ天然!(笑)。

藤野　あっ、ごめんなさい。まず、津田(勝憲=藤野の夫)から「RIZINで試合が組まれるかもしれないけど、相手が浜ちゃんかも」っていう感じで話を聞いていて。

――それは何月頃の話ですか?

藤野　浜ちゃんとご飯を食べに行ったのが6月14日なんですけど、RIZINで試合する、しないっていう話はそのちょっと前から言われていて。でもまだ打診の段階だから何もわからないので、浜ちゃんにその話をするのもなと思っていたら、浜ちゃんのほうから「親方、聞いた?」って言われて。

――ほう。「ウチらでやるかもよ」と?

藤野　そう切り出してきたから、私も「たしかにRIZINから話は来てるんだけど」って言ったんですよね。ただ、その全然前に会ったときに私が軽い感じで「ストロー級に人がいなさすぎだから49キロに行こっかな?」って話をしたことがあって、そうしたら浜ちゃんが「来なよ、来なよ」みたいに言っていたんですよ。ただ、「私は誰とでもやるけど、親方とはあんまりやりたくないんだよなー」って言っていて、それは私のヒザの心配をしてくれていたんですよね。

――ああ、そこですか。

藤野　それで「でも私は毎回『次の試合で終わるかもしれない』って思っているし、そういう状態だからこそ浜ちゃんと闘えたらうれしいけどね」って。「どうせ終わるのであれば、納得できる相手のほうがいいから」っていうような会話をもともとしていたんですよね。それで、そのあとに浜崎戦の打診が来て、そのご飯を食べに行ったときにそういう話になったから、私は「これはもう仕事だし、私は全然やる」っていう話をして。

――お互いに「決まったらやる」と。

藤野　でも外国人選手が来られるなら、浜ちゃんの相手は外国人になるみたいだけどっていう話もされてはいたので、まだ確定ではなかったんですけどね。

――では、正式に浜崎vs藤野で決定だと告げられたのはいつですか？

藤野　いまだに「本当に浜ちゃんとやるのかな？」と思っていて。

――もう会見もやったじゃないですか。

藤野　いやいや、「これ、壮大なドッキリだったらどうしよう」と思って。

――「藤野だったら笑ってズッコケてくれるだろ」みたいな。じゃあ、いまは半信半疑の状態で体重を落としていると（笑）。

藤野　そうなんですよ（笑）。

――そんなわけないですよね（笑）。前におっしゃっていましたけど、ガラスのヒザが耐えられるのはあと1、2試合くらいじゃないかという状況の中でRIZIN参戦が決まって、どんな心境ですか？

藤野　でもまあ、みんなどこかしら壊れるからそこは条件は変わらないかなと思って。

――聞いてますよ、会見場でも足をひきずっていたって。

藤野　ひきずっていないつもりだったんだけどな（笑）。RIZINでリングドクターをやっている先生をもともと知っていて、その先生のところにほかのリングドクターから「えっ、今度出る藤野さんって、あのヒザを壊してる藤野さんですか？」って連絡が来たって。敵どころか全員に私の弱点がバレていますからね（笑）。

「女子はみんな仲間意識と同時にライバル意識もずっと持っていると思う。仲間だから試合はできないっていう感情は1ミリもない」

――ちなみに会見のとき、独特のお召し物を着られていましたけど、あれはいったいどういうつもりだったんですか？

藤野　あれは前日にジムの会員さんの方に「せっかく会見なんですし、服を買いに行きましょうよ」って言われて買いに行ったんですよ。それで「メイク道具も一式揃えましょう」ってことでメイク道具はすぐに購入したんですけど、洋服のほうを選ぶのが大変で。肩とかの筋肉を隠す用のやつをいくつか試着してみたらヤバいくらいに似合わなくて、店員さんが「今季はこういうふわっとした形が流行っていて、お似合いですよ!」って言うんですけど、「おい、どう考えても似合ってるはウソだろ……。これはどう見てもおかしいだろ」って一緒に行った人と思っていて（笑）。

――「もうドッキリ始まってんのかあ？」って（笑）。

藤野　ふわっとしたのを私に着せて笑い者にする気かと（笑）。それで「いや、このデパートに私が似合う服はないな……」と思っていたときにパッと思いついたのが、「あっ、これ、全部出しちゃえばいいんだ」と。隠そうとするからどうしようもないダサさがにじみ出るんであって、これはもう筋肉を出

そうってことになり。それでほかの店に行ったら、たまたま店員さんが「こんなのがありますよー」って持ってきてくれたのがあれで。「これだったらいけるな」っていう。

――あっ、あれは夜のご商売とか向けのレンタル衣装ではないんですね？

藤野　違うから。あんなレンタル衣装はないっスよ（笑）。浜ちゃんは絶対にジャケットを着てくるだろうから、私は対抗して化粧を濃くしてワンピースかなんかで、わかりやすい逆のコンセプトにしようと思ったんですよ。そうしたらワンピースがあまりにも似合わなさすぎたっていう話です（笑）。

――いや、藤野さんは筋肉を隠しちゃダメでしょう。

藤野　たしかに海外とかでも女子の選手はけっこうみんな出していますからね。でも会見を見たウチのジムの人からは「バンタム級トーナメントのリザーバーかと思った」って言われました（笑）。

――アハハハハ。RIZIN出場に関して、数年前にもRIZIN名古屋大会出場の打診がありましたよね？　当時、どこかの記事で読んだんですけど、「チケットを売るための地元出身の私へのオファーなら嫌だ」みたいなことを言っていたと思うんですけど。

藤野　いや、そういう意味じゃなくて（笑）。それは2018年の話なんですけど、当時、私には「UFCに行きたい」「ベルトがほしい」というふたつの夢があって、そのときにパンクラスから「タイトルマッチをやらないか？」と言われていたので、自分の目標に近いところに行きたいっていう。RIZINにも出たいという気持ちはあったんですけど、そこでワンマッチをやって先がどうなるのかわからないんだったら、いまここにあるタイトルマッチに臨みたいってなったんです。

――あれ？　でもそういう記事を読んだ記憶があるんですけどね。

藤野　それは私が津田に言われたことをそのまま言っただけです（笑）。

――あっ、津田さんのプロデュースでしたか。さすがですね（笑）。

藤野　「おまえはそういうのじゃないだろ。名古屋だからチケットを売るとかじゃなく、おまえはベルトを獲るんだろ」って言われていたので。

――とにかく、その頃にはすでにRIZINからのオファーがあったってことですよね。

藤野　そのときに一度いただいてありがたかったんですけど、ちょうどいろいろと被ったんで。

――結局、パンクラスでは2019年の年末にタイトルマッチが組まれたんですよね。そこでベルトを獲って以来、試合をしていないということに関してはどうですか？

藤野　まあ、ケガもしていたし、ずっと練習はしているのでどっかで決まればいいなって感じでしたよね。

――意外と冷静な感じですか。

LISTEN TO
BOB MARLEY

藤野　まあでも、ミーナ（黒部三奈）とふたりで「うー、試合がしたい！」って言い続けていましたけど（笑）。

——修斗王者の黒部さんも試合数が少ないですもんね。

藤野　だけどミーナもＳＡＲＡＭＩ戦が決まったんで。

——同じタイミングでお互いに試合が決まって。

藤野　そうなんですよね。私たちはＳＡＲＡＭＩちゃんともずっと一緒に練習していたんですけど、ミーナとの試合が決まるか決まらないかの頃のスパーがめちゃくちゃおもしろかったんですよ。

——だから結局、今回の浜崎vs藤野戦もそうですけど、女子って普段の練習仲間と対戦するってパターンがどうしても多いですよね。

藤野　だからそこは仲間意識と同時に、ライバル意識っていうのもみんなずっと持っていると思いますよ。だから「女子は仲良し」とかって思われがちですけど、仲良しの定義が難しいですよね。総合をやっている女子の格闘家は、それだから試合はできないっていう感情はいっさいないと思いますよ。１ミリもないんじゃないかな。

——そういうものだよね、っていう。

藤野　そこが男子の選手とは違うんじゃないですかね。だいたいの選手とは練習でも殴っているし。だから浜ちゃんも「親方がヒザに爆弾を抱えているのを知ってるからなー」って言ってたけど、「おまえ、試合になったら躊躇なく蹴ってくるだろ」と思って（笑）。

「ちょっと前だったらもっと野心を持っていましたけど、ここからひと花咲かせるってそんなことできるのかな？（笑）」

——浜崎さんはもともとローを蹴ってくる選手ですしね。

藤野　「もう知ってるんだから全部狙ってこい」とは思っていますね。

——カッコいい。

藤野　でも、どっちのヒザかバレないように左右ともにテーピングを巻いてたらどうします？

——会見の映像を見直したらわかるでしょ（笑）。

藤野　あれも壮大な計画で、逆の足をひきずっていたかもしれないですよ（笑）。

——ＲＩＺＩＮ初参戦ということに関してはどういう気持ちですか？

藤野　素直にうれしいですね。まわりが凄く喜んでくれているので、それで余計に実感しました。やっぱり大きな舞台なので「出たいな」っていう気持ちはあったんですけど、いまはもうパンクラスのベルトを獲らせてもらったので、ずっとパンクラスにいるんだろうなと自分の中では思っていたから「ここでRIZINか」と思って。でも、せっかく浜ちゃんとできるんだから、そういう舞台で観てもらえるのはうれしいなっていうのはありますよね。

——じゃあ、なんとなくパンクラスで現役を終えるという腹づもりだった。

藤野　そうですね。パンクラスで何度か防衛して、それでもし海外に行けたら行って、そのぐらいかなーっていうイメージだったので。だってRIZINに関して言うと、私はずっとケージで闘っていてリングはもう何年もやっていないんですよ。それと体重もずっとストロー級でやるつもりだったので、RIZINに出たい出たくないじゃなくて、そもそもの条件が合わないっていうのがあって。

——リングだし、ストロー級だしで、自分には縁がないだろうと。

藤野　まさに縁がないっていう認識でしたね。

——そこに今回のオファーが来た。

藤野　まあ、体重だけは迷ったんですけど、試合のチャンスをもらったら受けますよね。やっぱり相手が浜ちゃんっていうのがおもしろいなと思ったし。

——ぶっちゃけ、「私が地上波に乗ったらお茶の間に竜巻が起こるよ」みたいな気持ちってなかったですか？

藤野　いやあ、テレビスターは（浅倉）カンナちゃんとかじゃないと無理だと思うので。

——いや、この枠もありますって。

藤野　この枠もある？（笑）。

——まあまあ、藤野さんは美魔女と言って差し支えないと思うんですよ（笑）。

藤野　でもそこは（山本）美憂さんがいるじゃないですか。

——あっ、たしかに（笑）。でも藤野さんって意外と野心的なところを隠すタイプですよね。奥ゆかしいですよ。

藤野　いや、ちょっと前だったらもっと野心を持っていましたけど、終盤に来て言われてもね～。「ここからひと花咲かせるって、そんなことできるのかな？」っていうのが正直あるので（笑）。もちろん身体がもつ限りは試合がしたいし、もっと観てもらいたいなっていうのはあるんですけど、さすがにいまからドカーンって感じにはならないですよ。これがね、まだ30歳くらいだったら「ここからもう1回いこう」ってなりますけど、もういいトシなんでね。

——いいトシというか、いいキャリアですね。藤野さんも浜崎さんも、女子の総合格闘技でメシは食えない、好きじゃないとやっていられないっていう時代を長らく過ごしてきて、浜崎さんのほうはRIZINに出たことによって注目度がガラッと変わったと。それを藤野さんにもできるだけ長く味わって

もらいたいというようなことを言っていたんですよね。
藤野　ああ。
——もちろん、収入面とかも変わったはずですし。
藤野　そこも変わったんですか？　それは全然知らなかったです（笑）。
——さすがに変わったはずですよ。
藤野　浜ちゃんは私生活とかそういうのをいっさい表に出さないじゃないですか？　服装もいつもラフな感じだし、目立って派手な生活をしているっていうのもないから、そこに全然気づいてませんでした。女子ってミーナもそうですけど、ＲＩＺＩＮには1回だけ出て終わりっていうパターンも多いじゃないですか？　だからあまり変わっていなかったし、私はそっちを見ていたんで。

「人それぞれいろんな目的があっていいと思うけど、有名になれるなら格闘技じゃなくてもいいっていうことなら私とは違う」

——通りすがりのミーナの姿しか見ていなかったと（笑）。
藤野　通りすがりのミーナしか知らなかったので。あとは通りすがりの富松（恵美）とか。あのふたりはＲＩＺＩＮを通りすぎたけど何も変わっていなかったから（笑）。でも浜ちゃ

んは一緒にいて「あっ、浜崎選手！」って声をかけてくる人がいるから、世間から認知されているんだなとは思っていましたけど。

——藤野さんは人気とか名声にそこまで執着心がないから、そういう部分にピントを合わせて見ていなかったってことなんですかね。

藤野　まず、格闘技が好きで強くなりたいっていうのが最初にあって、どうせやるなら自分の試合をたくさん観てほしいっていうのはあるけど。作品として仕上げるから多くの人に観てもらえればいいなっていう。あとはそれで稼げるんだったら言うことないですけどね。でも稼げたとしても一過性なので、いまから仕事を辞めてファイター一本でっていうのはちょっと考えられないし。

——ヒザの状態はどうなんですか？

藤野　だいぶいいですけどね……たぶん。って思わないと試合なんかやってられないんで（笑）。

——これまで、試合のときって痛み止めの注射とかを打つんですか？

藤野　いままでは痛み止めを打っていましたね。でも痛み止めでどうにかなる問題でもないんで。

——痛みを抑えたところで、可動の問題ですよね。

藤野　そうそう。「痛みもあるんだけど、それよりも」っていう。でもね、人生で格闘技より楽しいことがないんですよ。そのうえ試合で勝とうもんなら、とんでもない快楽なんですよね。高揚感っていうんですかね、あれ以上のものはこの世の中にはないんじゃないかって思うくらい。

――ひとつのことを長く続けているのはそういうことですよね。藤野さんは過去に1回しか『KAMINOGE』に出ていただいていないのにもかかわらず、今回の一戦を〝KAMINOGE対決〟と評してくれる人が多いんですよ。だから通りすがりの藤野恵実がまあまあのインパクトを残していったんだなと思って（笑）。

藤野 それと私が勝手にYouTubeでKAMINOGEチャンネルを始めたっていうのと（笑）。

――あっ、それか！（笑）。

藤野 それでしょうね。

――あとは『ゴング格闘技』とかになぜか出ていないからっていうのも（笑）。浜崎さんは男子と女子とを分けて、〝ジョシカク〟と呼ばれたりすることが嫌いと言っていますけど、観る側に選手のことをアイドルみたいな目線で見ている人もいるでしょうし、逆に選手側にもそういう人気がほしくてやっているような人もいるのかもしれないですけど、そのへんについてはどう思っていますか？

藤野 RIZINも以前はけっこう女子が出場できたじゃないですか？ あの頃は正直「えっ、あなたも出るんですか？」っていう若手の選手も何人かいたりはしましたよね。たしかに私もアイドル路線というか、「私はこれで有名になりたいです」っていう感じがちょっと嫌だったんですよ。

――「有名になることが目的の格闘技」っていう。

藤野 そうそう。本当にそういう人がいるのかどうかはわからないですけど、有名になれるなら格闘技じゃなくてもいいっていうことなら、私とは目的が違うと思う。お金が稼ぎたくてやる人もいれば、有名になりたい人もいる、べつにいろんな目的があっていいとは思うんですけど、自分とはコンセプトが違うなとは思いますね。

――藤野さんはとにかく格闘技が好きで、好きだからずっとやっている。もう人を殴りたいだけ？

藤野 殴りたいだけ（笑）。でも、いまはRIZINの組むカードがいちばんおもしろいですよね。男子とかは特に。RIZINは初期の頃よりもいまのほうが素敵なカードを組むし、ちゃんと観たいカードを観たいときにやりますよね。だから、どんどんおもしろくなってきているなと思って。

「アマチュア時代も含めていままでに極められたことととダウンとKOがない。相手が誰であっても極められることはないと思う」

――今回の浜崎vs藤野戦も、ご自身が思っている以上に盛り上がっていると思いませんか？

藤野　たしかにそうですね。「こんなに反響あるの？」と思ってビックリしました。こんな40のババア同士の闘いがね（笑）。

――年齢は藤野さんのほうが1個上ですか？

藤野　私が2個上です。浜ちゃんは早生まれなので学年だと1個上になるんですけど、こんなアラフォーふたりの対決にそんなに騒いでもらえるのはうれしいなって思いました（笑）。でも、ほかの若手の女子でこれぐらいのカードってないと思うので、逆に「それってどうなの？」って思いますね。男子は若手でワーッと盛り上がる選手がたくさんいるじゃないですか。

――美憂さんもそうですけど、女子の選手って息が長いじゃないですか。キャリアを積めば積むほど強くなるみたいなところってやっぱりあるんですか？

藤野　長くやっているほうがしぶとかったりしますから、途中で辞めなかったら強くなれますよね。本当に今回の試合はどうなるんですかね？「浜崎有利」とは言われていますけど。

――浜崎vsカンナ戦というサンプルはあるわけじゃないですか。カンナ選手が浜崎さんをあそこまで追い詰めたのは完全に作戦ですよね。手首を絶対に掴ませないとか。

藤野　でも、そこは一緒に練習しているから、何が強いかはいちばん知っていますけどね。

——じゃあ、きっと凄い大相撲になりますよね（笑）。取らせない、極めさせない。

藤野　とにかく私はアマチュア時代も含めて、いままでに極められたことと、ダウンとKOがないので（笑）。相手が誰であっても、極められることは1ミリもないと思っているんで。

——たとえ、相手が浜崎朱加であっても。

藤野　だから浜ちゃんは「KOか一本で」って言ってるけど、「それはたぶん無理だと思うよ」って。でも私が浜ちゃんから一本を取るっていうのもなかなか難しいかなと思う。それとKO負けしたことがないけど、KO勝ちもしたことがないので（笑）、結局はどろっどろになって判定なのかなって。

——当日、体重はどれくらい戻る感じなんですか？

藤野　あまり戻しすぎないようにしようとは思っているんですけど、ストロー級の場合で計量した日に普通に水を飲んだりして8キロくらいはすぐに戻っちゃうんですよ。でも、それだと動きづらいので、戻しすぎないようにしようと思っていて。会見のときに「戻す」とは言いましたけど、べつに戻すことがいいとも思っていないので。

——今回の49キロっていうのはいつ以来ですか？

藤野　20年以上落としたことがない体重ですね。

——20年ぶりって、ほぼ未知の世界ですね。

藤野　未知の世界ですよ。試合よりもそっちのほうが怖いですよ。

——普段は何キロなんですか？

藤野　もともとは61～62キロとかだったんですけど、それがここ最近はちょっと落ちて58～59キロくらいになっているので、まわりから「だったら落とせるじゃん」って。

——49キロでも闘えるぞと。

藤野　だから浜ちゃんと闘えることになって。本当に私にとって特別な存在ですからね、浜ちゃんは。これだけずっと同じことをやってきていて、さすがに仲間意識は凄くありますよ。同じ時代を一緒に過ごしてきたことによる仲間意識、それと試合のたびに「あー、凄いなあ」って思いながらいつも見ていましたね。

——仲間であり、ちょっぴり憧れでもあり。

藤野　私、浜ちゃんの試合のときって毎回「浜ちゃんに勝ってほしい！」って思っていたんですよね。浜ちゃんにはずっと負けてほしくなくて、ずっとトップの座にい続けてほしいっていうのがあったので。でも、そう思っていた私が浜ちゃんから勝ちを奪うんだと思うと、凄く不思議な気持ちですね。

藤野恵実（ふじの・えみ）
1980年11月17日生まれ、愛知県豊橋市出身。総合格闘家。トライフォース赤坂所属。
大学生のときに和術慧舟會に入会して格闘技を始める。アマチュア大会出場を経て、2004年3月20日にスマックガールでのせり戦でプロデビューして判定勝ち。総合格闘技だけでなくキックボクシングやシュートボクシングにも参戦し、藤井恵、WINDY智美、浜崎朱加、長野美香、富松恵美、RENAなど強豪日本人選手と対戦。アメリカのWSOFではジェシカ・アギラーとタイトルマッチで対戦するなど女子格闘技の黎明期より活躍する。2019年12月8日、『PANCRASE 311』にて行われたパンクラス女子ストロー級暫定王者決定戦でチャン・ヒョンジを破り悲願のチャンピオンベルトを手にする。趣味は飲酒。

鈴木みのるのふたり言

第97回
頸椎ヘルニア

構成・堀江ガンツ

——鈴木さん、ボクもついに首の頸椎ヘルニアになってしまいました。

鈴木　ああ、なんかガンツが首の牽引している写真、インスタで見たよ。

——鈴木さんがパンクラス時代に苦しんだのも頸椎ヘルニアですよね？

鈴木　俺は頸椎の3番と4番かな。2カ所なったんだよ。

——ボクも2カ所でしたね。整形外科でMRIを撮ってヘルニアと診断されたときに鈴木さんのことを思い出しましたよ。ボクは左腕が痛くて、左手が痺れているんですけど、「鈴木さんも『握力がなくなって腕が上がらなくなった』とか言ってたな」と。

鈴木　それがヘルニアだから。要は潰れた軟骨が飛び出て神経に触っちゃってる状態。俺の場合、病院で診てもらったとき、お医者さんに「即入院して手術しましょう」って言われたからね。

——すでに相当ひどい状態だったんでしょうね。

鈴木　でも（パンクラス公認トレーナーだった）廣戸聡一さんからは「絶対に手術はやっちゃダメだ」と言われて、「すぐ手術しなさい」と言うお医者さんとどっちを信じるかってなったときに猶予をもらったんだよね。まず廣戸さんが言う治療をして、「半年後にもう一度同じ検査をしたときに結果が同じだったら従ってもらうよ」ってお医者さんのほうから言われて。そこからは廣戸さんに付きっきりで身体のケアをしてもらい、新しいトレーニング方法もやってもらって、半年後にまた検査を受けに行ったら、お医者さんが「あれ……？」って言うんだよ。「どうしたんですか？」って聞いたら「飛び出た骨はそのままだけど膜ができてる」と。

――そんなことがあるんですか。

鈴木　それで痺れがなくなったんだよ。だから俺は頸椎ヘルニアがあれだけひどかったけど手術してないし、西洋医学的な治療はいっさいしてない。すべて廣戸式のやり方で治したんだよ。

――「手術しましょう」って言われる前からかなり悪かったんですよね？

鈴木　「手術しましょう」と言われたのが（1996年）11月か12月だったんだよね。でもその数カ月前の夏にはもう痺れていて、あっという間に腕が細くなっていってね。

――鈴木さんの戦績が急激に悪くなっていった時期ですよね。

鈴木　廣戸さんがいなかったらどうなっていたかわからないよ。廣戸さんに「リングに戻りたいんでしょ？　じゃあ絶対に治そうね」って言われて二人三脚で取り組んで、身体の根本的な歪みから直していってね。でもいまだって完治したわけじゃない。症状が出ないようにしながら付き合っていくしかない。もう俺はヘルニアになってからのほうが長いからね。

――当時、まだ20代半ば過ぎですよね。

鈴木　まだキャリア8年くらいだよ。なぜそんな若いうちに首のヘルニアになったのかを考えると、たぶん過度のブリッジだと思うんだよなー（笑）。

――あの時代らしい（笑）。

鈴木　ゴッチさんにさんざんやらされたから（笑）。だって俺の体格でブリッジしたときに頭と足がつくんだよ。それでアゴがマットについたから。いまは全然うしろに反らないけどね。ガンツはなんでなったの？

――ボクは長時間パソコンで原稿を書くので、それが原因じゃないかと思うんですけど。もうひとつ思い当たる節があって、この春にスネークピット・ジャパンでCACCの体験取材をしたとき、首を鍛える練習でやっちゃったんじゃないかと（笑）。

鈴木　じゃあ、「宮戸成夫」に慰謝料請求しなきゃ（笑）。

――いやいや（笑）。でも首を鍛えていない人間がいきなりやったら危険ですよね。

鈴木　もともと悪かったのが、何か運動したのをきっかけに出てきたりもするからね。でも首を悪くしたときは「俺のレスラー人生終わった」と思ったな。だって軽いカバンすら持てないんだよ。

――しかも利き腕である右ですか？

鈴木　利き腕です。だからクルマのエンジンをかけるときも、右手でキーを挿しても回せないから、左手を添えて回してたんだから。これホントだよ。

――それが何カ月も続いたわけですよね。

鈴木　しかも途中までみんなには内緒にしていたから、道場で練習は続けていたんだけど、グローブを着けたらその重さでもう腕が上がらないんだよ。だからガードもできなくて、打撃のスパーリングでバンバン顔面にもらっちゃってね。

――もはや練習なんかできる状態じゃなかったんですね。

鈴木　あの時期、自分の中でいろんなことが重なってたんだよ。まず俺の身体がおかしくなってきたあと、親父が末期がんで入院したんだよね。すでに余命何カ月っていう感じで。俺はパンクラスの試合を欠場している間、廣戸道場から親父が入院している病院に行くっていう生活をやっていて。あとは離婚したのもその頃だな（笑）。

――重なるときは重なりますね～。

鈴木　いろんな苦しいことが重なったんだ

けど、俺の頭の中は『週刊少年ジャンプ』なんだよ。試合ができない、親友だと思っていた船木誠勝に口もきいてもらえない、道場の仲間も腫れ物に触るかのような感じでしか挨拶をしない、チャンピオンだったときに「鈴木さん！　鈴木さん！」「みのるくん、飲みに行こうよ！」なんて電話がかかってきていた人間から誰ひとりとして連絡が来ない。凄い孤独だったんだけど、「これってジャンプの連載マンガの主人公が落ち込んだときのダークな状態なんじゃないか？」って思い始めたんだよ（笑）。

――栄光と挫折で言うと、挫折パートですね（笑）。

鈴木　「じつはここがいちばんおもしろいんじゃないか？」と思い直したんだよ。俺のプロレス人生って10代で新日本プロレスに入って、憧れだったアントニオ猪木とも試合をして、人気絶頂だったUWFに移籍して、その後は仲間たちと新団体を旗揚げして、若くしてチャンピオンにもなった。これでハッピーエンドじゃつまらない。頂点からドン底に落ちて「もうダメだ……」っていうところまで行って、這い上がるからこそおもしろい。だから頸椎ヘルニアで欠場中は、孤独でドン底だったけど「この先に凄いストーリーが待ってるから、必要な期間なんだ」と思っちゃったんだよ。

――ドン底で〝ジャンプ脳〟が働いて、ポジティブシンキングになったと（笑）。

鈴木　ただ、この状態は長く続いてさ、復帰することはできたけど全然思うようにはいかないわけ。そうなると気持ちは引退に追い込まれていくわけですよ。「さすがにもう引退しなきゃいけない」って。

――いわば、連載打ち切り寸前まで追い込まれたわけですね。

鈴木　それで一発逆転ネタを考え始めるんだよね。「昔、プロレスをやっていたときの仲間と最後に目一杯試合したらいいんじゃないか」とか。そうしたら「田村潔司と試合をしないか？」っていう話がDEEPから来て、佐々木健介との試合というのもその頃に出た話だし。

――ちょうどパンクラスと新日本が協力関係にあったんですよね。いまじゃ考えられないけど、矢野通選手や飯塚（高史）さんがパンクラスの両国大会に出場したりして。

鈴木　あとは『真撃』っていうのが始まって、何年ぶりかに橋本さんと会って「闘魂三銃士の橋本真也が俺と真剣勝負をしてくれねえかな？」って思ったりとか。そうやっておもしろいことを考え始めたら、「これは俺にしかできねえな」「この方向に行きたい」「まだやり残してることがあるじゃん」と思ったんだよね。

――パンクラス公式戦とは違う路線を模索したんですね。

鈴木　ところが、そうこうしていたら船木が辞めたんだよ。

――ヒクソン・グレイシー戦に敗れたあと、鈴木さんより先にあっさりと（笑）。

鈴木　「えっ!?」と思ったね。そのとき「鈴木もちゃんと辞めたほうがいいんだよ」って言ったんだよ、アイツ。

――「ちゃんと辞めたほうがいい」（笑）。真剣勝負の世界を作ったんだから、勝てなくなったら身を引かなきゃいけないんだという。

鈴木　アイツはいっつもそう。俺を巻き込むんだよ。「負けるってことは死ぬっていうことなんだよ。だから俺は辞める。鈴木もちゃんと辞めたほうがいいよ」って言ってさ。そうしたら辞めなきゃいけないって俺も思ってくるわけじゃん。

――同じパンクラスの象徴という立場だったわけですからね。

鈴木　そうしたら俺の引退もだんだんと現実味を帯びていったんだよ。橋本真也戦は直接交渉で断られ、田村潔司戦は会場まで押さえて実現寸前までいったんだけどそれも結局ダメになって。そして最終的に健介との試合案から話が膨れ上がっていって、東京ドームでやるって話にもなったんだよ。知ってる？

――それは新日本の東京ドームでやるっていうわけじゃなく？

鈴木　違う。新しい格闘技イベントで。

――あっ、テレ朝が新しい格闘技イベントを立ち上げるっていう話があったんですよね。格闘技ブームで、日テレ、TBS、フジと、他の民放がみんな格闘技イベントを放送して高視聴率だったから。

鈴木　そうそう。その最初のイベントとして「新日本vsパンクラスの対抗戦を東京ドームでやる」って話だったんだよ。でもそれも二転三転して。結局、健介戦の話もなくなって、もう終わりだっていうときに現れたのが獣神サンダー・ライガー。連載マンガだったらここで「次週に続く」だよね（笑）。

――ああ、早く続きが読みたい！（笑）。

鈴木　そしてライガーと対戦し、導かれるようにプロレスの世界に戻ったと。そうしたら、まだ自分が見たことのない世界が広がっていて、いまはそこの世界の王様をやっていますよ。自称だけどね（笑）。

――頸椎ヘルニアになったことで、レスラー人生が大きく変わったわけですよね。

鈴木　変わったね。あの頃ヘルニアになってていなかったら、もしかしたらヒクソンとやるのは俺だったかもしれない。もしくはUFCに出てホイス・グレイシーとやっていたかもしれない。パンクラスとグレイシー一族の全面対抗戦をやるって話は知ってる？

――えっ、そんなのありましたっけ？

鈴木　あったんだよ。それはグレイシー側のホリオンから話を持ちかけられて。

――ホリオンがまだ関わっているということは、UFCの初期ですね。

鈴木　ホイスと（ケン・）シャムロックがライバルとしてガンガンやってる頃だね。それが盛り上がってたからホイスvsシャムロックをメインにして、ヒクソンvs船木、ヘンゾvs鈴木みたいな7vs7とかでやるって話があったの。取り分は折半でっていう話で。

――まだヒクソンのギャラが高騰する前ですね。

鈴木　そうだね。まだヒクソンが日本に来たか来ないかくらいの頃じゃないかな。

――では、ケガをしなければ格闘技選手として可能性が広がっていたかもしれないけど、ケガをしたことでプロレスラーへの道が開けたとも言えるわけですね。

鈴木　うん。だからケガをしたことがけっしていいわけじゃないんだけど、ケガをしていなかったらまた違った人生だったんだろうなとは思ってる。でもケガをしたことでプロレスに戻って、どんどん新しい展開が生まれていったんで、少年ジャンプのマンガの主人公としては、先が読めなくておもしろい展開になったんじゃない？　だから「鈴木みのる」っていうのは30年を超える〝長期連載〟になってるんだと思うよ（笑）。

――というわけで、「鈴木みのる先生の作品が読めるのは『KAMINOGE』だけ！」ってことで、来月もよろしくお願いします（笑）。

国際プロレス崩壊から40年。
いまだ冷めやらぬ“国プロ愛”を激しく語る!!

KAMINOGE THINK RAUSU

収録日：2021年8月7日
撮影：タイコウクニヨシ
構成：堀江ガンツ

玉袋筋太郎
［芸人］

タブレット純
［歌手・タレント］

「俺も独立してひとりはぐれ国際軍団だしさ。
スナックだって営業できないから、
いつ“羅臼”が訪れるかわからねえよ（笑）」（玉袋）

「子どもの頃にテレビ中継でマイティさんの
存在を知り、サンセットフリップという技に
凄く哀愁を感じてしまったんですよね」（純）

INTERNATIONAL
国際
プロレスリング
十字路

「『オレひょうきん族』の〝ひょうきんプロレス〟のほうが国際プロレスより視聴率がよかったっていうんだからさ」(玉袋)

——今年の8月9日で国際プロレスが崩壊して40周年を迎えたということで、今日は40年経っても国プロを愛し続けているおふたりにお集まりいただきました!

玉袋 でもよ、「崩壊40周年を記念して」対談するっておかしいだろ(笑)。

純 いやもう、光栄ですよ(笑)。羅臼の最終興行が1981年だから、ちょうど40年なんですね。

玉袋 40年経ったなんて思えないけどね。「忘れじの国際プロレス」だからさ。純ちゃんも俺も国際を引きずってるよな〜。

純 引きずってるのはたしかですね(笑)。

玉袋 純ちゃんは「タブレット純」という〝リングネーム〟で活動しているのがいいね。やっぱりラッシャー木村、マイティ井上の系譜だよ。

——玉さんは大木金太郎的な(笑)。

玉袋 俺の場合は、高崎山猿吉とかあっち系だから(笑)。

純 豊登がけっこう変な名前をつけていたんですよね(笑)。

玉袋 そう、林牛之助(ミスター林)とかね。でも、昭和のプロレスっていうのは馬場の全日本、猪木の新日本もある中で、純ちゃんはなんで国際プロレスに惹かれていったの?

純 オンタイムだと小学校に上がるか上がらないかくらいだったんですけど、兄が『8時だョ!全員集合』の裏で変なプロレスをやってるぞ」みたいなことを言っていて。

——変なプロレス(笑)。国プロ末期、土曜8時の東京12チャンネル時代ですね。

玉袋 俺がいちばん観ていたのは月曜8時に東京12チャンネルでやっていた時代なんだけど、純ちゃんはドリフの裏のときか。『暴れん坊将軍』の裏でもあったわけだな。

純 超激戦区ですよね(笑)。

——その直後、『オレたちひょうきん族』まで始まっちゃう時間帯ですからね(笑)。

玉袋 『ひょうきん族』の中で行われていた「ひょうきんプロレス」のほうが国際プロレスより視聴率がよかったっていうんだからさ。国際プロレスがフルハム三浦とかに負けてたっていうのがよぅ(笑)。

——解説がビートたけしさん扮するジャマモト・コタツで(笑)。

玉袋 じゃあ、純ちゃんは兄貴の影響で国際プロレスを観始めたんだ。

純 国際はその時点では記憶がおぼろげなんですけど、その後、新日に出ていた新国際軍団、あれは完全に憶えていて。兄の友達から「国際プロレスは自分たちでチケットを捌いていたらしいぞ」っていう笑い話を聞いて、そこからちょっと気になっていったんですけど（笑）。

——小学生の新日ファンに馬鹿にされちゃうという（笑）。

玉袋　あの頃はそうだったな〜。でも気になっちゃうんだよ。

純　光と影でいうと、どうしても影のほうに目がいってしまうっていうのは当時からあったのかなって。

玉袋　純ちゃんは歌謡曲も詳しいけど、当時のアイドルとかは？

純　当時だと、ひかる一平さんとか（笑）。

玉袋　たのきんトリオじゃなくて、そっちにいくのがいいよ。ひかる一平も国際プロレス臭がするからね（笑）。やっぱり歌謡界方面も我々は国際方面にいっちゃうんだよ。女性アイドルでいえば、聖子、明菜、キョンキョンじゃねえんだよな。

純　まあ、そうですね（笑）。

玉袋　パンジーにいっちゃったりさ。北原佐和子、三井比佐子、真鍋ちえみの3人なんてのは、言ってみりゃ〝はぐれ国際軍団〟だから。それでプロレスのほうだと国際崩壊で職場を失ったラッシャー木村、アニマル浜口、寺西勇が新日に行くわけだけど、そのとき「猪木のほうには行かない」と言い切った男がマイティさん。で、純ちゃんはそっちにいくわけだよな（笑）。

純　そうですね。きのうも電話でお話したばかりで（笑）。

玉袋　まさにホットラインだよ。いま、いちばんマイティさんの生存確認として正確なのが純ちゃんだから。純ちゃんのところに電話がかかってきたら「ああ、マイティさんが元気なんだな」っていう（笑）。

「国際プロレスの人たちはまさにピラニア軍団って感じ。みなさん寡黙で不器用な感じがあって攻めるよりも忍耐のほうが似合う」（純）

——もともとマイティさんのファンになるきっかけは、なんだったんですか？

純　子どもの頃、テレビで全日を観ていてマイティさんの存在を知りまして、サンセットフリップという技に凄く哀愁を感じてしまったんですね（笑）。

玉袋　技の名前からして〝黄昏〟だからな（笑）。

純　特に中1のとき、日テレで『朝までスポーツ』という番組を夜中にやっていて、（1975年12月の）「オープン選手権」を再放送したんですよ。そこでマイティ井上vsパット・オコーナーという試合を観てしまって。

玉袋　また渋めないいカードだよ（笑）。

——新旧マットの魔術師対決ですよね。新旧でいうと、マイティさんが「新」だった時代（笑）。全日の「オープン選手権」は国際プロレス勢も参戦していたんですよね。

純　その試合を中1のときに観て、マイティさんにめちゃめちゃハマってしまったんです。
玉袋　やっぱり、あの花柄パンツもよかったのかな（笑）。
純　なかなかサイケなタイツですよね（笑）。
玉袋　そう、サイケ。あとは襟の高いジャンパーで入場してきて。マイティさんはガウンじゃないんだよ。
純　空中殺法が得意なんだけど、なぜかアンコ型っていう（笑）。そういうところも「ああ、いいなー」と思って。
玉袋　当時だって、ジャンボ鶴田とか藤波辰巳みたいに若くて見栄えがいい選手っていたわけじゃん。でもあのアンコ型がよかったっていうのがいいよね。
純　ファンになってからさかのぼって調べたら、マイティさんは国際のエースだった時期があるっていうのも知ったんですよ。全日は馬場、新日は猪木で、国際はマイティ井上で勝負していたんだって。
——馬場、猪木の全盛期に向こうを張っていたという（笑）。
純　しかも放送局は東京12チャンネルというところに、どんどんしびれていきますよね（笑）。
玉袋　また全日との対抗戦では、ほとんど日テレにいいところを持っていかれてたしね。
純　玉袋さんが以前、「東京12チャンネル自体がテレビ界の独立愚連隊（鶴見五郎＆大位山勝三）だった」って言っていて、たしかにそうだなあって（笑）。
玉袋　どうしてもそっちに惹かれちゃうんだよね。菅原文太も梅宮辰夫も千葉真一もみんなカッコいいんだけどさ、俺はピラニア軍団みたいな影のほうにあこがれちゃうっていうね。
純　国際プロレスの人たちはまさにピラニア軍団って感じですよね。みなさん寡黙で不器用な感じがあって、攻めるよりも忍耐のほうが似合う。
——常に血だらけで耐えてるっていう（笑）。
純　そうですね（笑）。
玉袋　派手さはないんだけど、子ども心に「でもこのオジサンたち、試合が終わったあとにスナックに行ってるな」っていう感じがあったよ。歌がうまそうだなって（笑）。
——ムード歌謡が似合う男たちですよね（笑）。
純　ラッシャーさんも歌が凄くうまいらしくて。
玉袋　声が潰れる前はうまかったって言うもんね。国際の人たちは服装もカッコよかったんだよ。ベストドレッサー的な感じがあったよね。千鳥格子のジャケットとかさ。あんなのなかなか着ねえもん（笑）。マイティさんもオシャレだったし。
純　アニマル浜口さんも国際ファッション的なイメージがありますね。
玉袋　浜さんの襟の先の長さね。なげーんだよ（笑）。で、マイティさんなんかは70年代前半にパリに行ってるから、ヨー

俺は闘犬
ストロング金剛
マイティ井上
帰って来いよ
フィリップスレコード
サンダー杉山

ロッパの最先端のオシャレを入れてきているわけだもんな。
純　国際はみなさんヨーロッパに遠征されてるからオシャレだっていうのはありますよね。
玉袋　マイティさんはそのへんのオシャレぶりをリング上でも花柄のパンツで主張してたのかな。ただ国際はみんな男臭いオシャレがあったんだけど、阿修羅・原さんはアイドル的にデビューさせられて違和感があったんだよな。
純　でも、あの王子様ルックは意外にも原さんがリクエストしたらしいですよ（笑）。
玉袋　あっ、そうなんだ!?　あのキラキラ衣装？（笑）。
純　12チャンネルのディレクターさんもあの衣装にけっこうなお金をかけていたみたいで、「えっ!?」って感じになったたって（笑）。
——あんなワイルドな男がスパンコールで（笑）。
玉袋　男臭えラグビー界にいたから、逆に華やかにしたかったのかな。その原さんの前には剛竜馬がアイドル的に売り出されたけど、あれだけ人望がないというか、国際のOBの人たちのインタビューでボロクソ言われる人もなかなかいねえよな（笑）。
——新日に移籍してからも、当時の若手たちはみんなボロクソに言ってましたからね（笑）。
純　あれでプロレスがうまかったら、まだリスペクトされたのかもしれないんですけど。
玉袋　藤波vs剛竜馬は最高だったんだけど、あれは藤波さんがうまかったんだろうな。

「グレート草津さんはひでえなぁ。小山田圭吾以上だぜ。全然練習しねえって話だしね」（玉袋）

——あの素晴らしい試合を、本人は自分の力と勘違いしちゃったのかもしれない（笑）。
玉袋　阿修羅・原さんも藤波さんと名勝負を展開してるけど、あれは藤波さんだけじゃなく、阿修羅さんの力でもあると思うんだよね。国際の阿修羅・原vsダイナマイト・キッドを観るとさ、阿修羅さんはプロレスがうまいんだよ。「デビューしてちょっとでこんな試合をやるんだ」っていうさ。
純　藤波さんも「短期間であれだけ伸びるのはなかなか珍しい」っておっしゃっていましたね。ただマイティさんがおっしゃっていたのは、阿修羅さんも素質があったのに草津さんからの嫉妬が……（笑）。
玉袋　出たー！　グレート草津を忘れてたよ（笑）。草津さんもよくは言われねえんだよな。
純　マッチメイクが下手すぎてストーリーが全然作れず、地方だと全然違うことをやっちゃったりとかしたって（笑）。
玉袋　阿修羅さんと草津さんは同じ畑から出てきた人だし、

ラグビー界では草津さんのほうが大先輩だもんな。
純　だからこそ「ラグビーだったら俺のほうが上だ」ってよく言われていたっていう（笑）。
玉袋　阿修羅さんのほうが上じゃねえの？（笑）。だって松尾雄治さんと地方のロケで一緒になったとき、「原先輩はホントに凄い！」って言っていたからね。
純　そうなんですね。草津さんの場合はもうちょっと……。
玉袋　酒癖の悪さもあってな（笑）。
純　ストロング小林さんが脱退したのも草津さんがいじめたからだって。
玉袋　ダメだよ、あんな乙女をいじめちゃ。「もう嫌、こんなところ！」って新日に行っちゃったんだろうな（笑）。
純　草津さんが宴会で、どんぶりにオシッコして「これを飲め！」って言ったって。
玉袋　ひでえなあ。小山田圭吾以上だぜ（笑）。草津さんは全然練習しねえって話だしね。
純　まったく練習しないから胸がベチャッとしていて撫で肩だったって、みなさんおっしゃいますね。でも国際が崩壊して3年後くらいに草津さんが日刊ゲンダイの「あの人はいまこうしてる」みたいな企画に出ていて。『国際のときに1億円を貯めてたから悠々自適な生活を送ることができている』って言っていたのが最近発見されたんですけど（笑）。
玉袋　みんなお金がなかったのに1億円!?　コンドーム販売の稼ぎか。
純　そうですね。
玉袋　やっぱりそうか～。衛生サックを売ってたんだから。それで自分だけカネ貯めてたのか。最後は静岡のほうに住んでたんだっけ？
純　三島に住んでいましたね。『悪役レスラーは笑う』っていう本の中に晩年の草津さんが出てくるんですけど、昼からずっと飲みっぱなしみたいな感じで（笑）。でも草津さんの営業力は凄くて、地方でチケットを買わせる技があったみたいで。
玉袋　〝こっち方面〟にも強かったんだろうな。
純　国際はメインの金網デスマッチには特別な手当てが出たから、草津さんも率先して金網をやっていたんだけど、その手当てがなくなったら一気にやらなくなったという話もあって（笑）。
玉袋　草津伝説は事欠かないよ。草津さんもこれだけ語ってもらえば、よろこんでるだろ（笑）。
純　木村さんと草津さんの仲はどうだったんでしょうね？
玉袋　木村さんは受け流してたんじゃねえかな。
純　地方で草津さんが木村さんに「俺のほうが相撲でも強い」って絡んできたことがあって、「じゃあ、やろう」となったら草津さんが数秒でコロンと負けてたっていうのがあったみたいで、それから草津さんは木村さんにはいっさい逆らわなく

なったって（笑）。

玉袋　すげー。やっぱり、おっとうがいちばん強えんだよ。

純　木村さんや大熊元司さんとか、倒されてもすぐに起き上がってくるような屈強な身体は凄く魅力ですよね。顔も昔のトラック運転手みたいで（笑）。

「新日側は対抗戦に永源遙や木村健悟を出してきて、それはさすがに国際をなめすぎだろって思いましたけど」（純）

——いま大熊さんの名前が出てきましたけど、タブレット純さんは全日本もザ・ファンクスとかより、極道コンビのほうに目がいっていたんですか？（笑）。

純　土曜夕方5時半から放送の全日を観ているとき、極道コンビがアジアタッグ王者で。ああいう試合に凄く惹かれました。佐藤昭雄とか恐ろしく地味な人も出ていて（笑）。

玉袋　全日vs国際では、極道コンビと浜さん&マイティでやってたよな。

純　でも新日でＩＷＡ世界タッグをやると、（山本）小鉄さんにあっけなく獲られてしまって（笑）。

——国際の看板タッグベルトが、当時新日の中堅クラスだったヤマハブラザースにあっさり獲られてしまうという（笑）。

玉袋　ヤマハはアンドレのハンディキャップマッチの相手だったのによぅ（笑）。

純　新日側は対抗戦に永源遙や木村健悟を出してきて、それはさすがに国際をなめすぎだろって思いましたけど、試合では善戦しちゃって国際の信用がガタ落ちになっちゃったりして（笑）。

玉袋　でも、その耐え難きを耐え、忍び難きを忍ぶのが国際プロレスなんだよな〜。

純　試合で辛酸をなめて、耐えて耐えて、しかもギャラまで出ないとか信じられないことが起きても続けていたわけですからね。

——巡業中はその日のあがりで、メシ代、飲み代を捻出していたって言いますもんね（笑）。

玉袋　自転車操業もいいところだよ。デビル紫さんとか、自分でミシンで縫ったマスクを会場で売って補填していたっていうんだから。

純　マスクを売ったお金があるデビル紫さんだけがビールを飲めたらしいですよね。それでほかのレスラーから「俺たちもビールが飲みたいな……」っていう視線を感じたときに「この団体は終わったな」って思ったっていう（笑）。

——ほかのレスラーはみんな安い日本酒の回し飲みで（笑）。

玉袋　身体を悪くする薄めたような日本酒を飲んでいたんだ

ろうな（笑）。

純　それぐらい資金繰りが大変だったんだから、それは吉原功社長も胃がんになりますよね。

玉袋　だって、その一方では新日は黄金時代を迎えるわけだろ？

――国際が潰れる4カ月前、新日では初代タイガーマスクがデビューですから（笑）。

玉袋　俺だって当時は新日に夢中だったけど、国際はあとから染みてくるんだよな～。

――歳を重ねるごとに、国際プロレスのほうに惹かれていきますよね（笑）。

玉袋　なんで俺はいまになって、国際プロレスのDVDボックスを3つも買ってるんだって話だよ。けっこうな値段したんだけど、酒を飲みながらあれを観るといいんだよな～。

純　ボクも以前、玉袋さんのおうちでお酒を飲みながら国際プロレスのDVDを観させてもらいましたけど、あれは至福の時間でしたね（笑）。

玉袋　国際プロレスを観ながら飲むと、なぜか地方にある縄暖簾の居酒屋で飲んでいる感じが出るわけよ（笑）。

純　それは国際にはいいレスラーが多いから、心地いいんでしょうね。

玉袋　プロレスがうまい人が多いからね。中でもマイティさんと浜さんは別格だね。もちろん寺西勇さんもいいんだけどさ。

純　あのふたりのタッグは素晴らしいですよね。

玉袋　浜さんの動きはキビキビしていていいんだよなー。そこにマイティさんの柔らかい、流れる水のような、ゴムまりみたいなレスリングが入ってくると最高だよ。俺は大人になってからようやくその素晴らしさがわかったところがあるんだけど、純ちゃんは10代の頃から好きだったんでしょ？

純　マイティさんは、ボクが中学1年生のときの生きがいでしたね（笑）。

玉袋　中1でマイティ井上が生きがいだよ（笑）。

――ボク、タブレット純さんの1歳上なんですけど、純さんが中1のときってボクが中2ですから、新日vsUWFのイデオロギー闘争が盛り上がっていて、前田日明vsドン・中矢・ニールセンとかがあった年ですよ（笑）。

玉袋　新日vsUWFには目もくれず、全日時代のマイティさんが生きがいっていうのが素晴らしい！

純　それまでは相撲と野球も好きだったんですけど、相撲だと麒麟児関が好きで後援会にも入っていて。

玉袋　小中学生で後援会に入ったって凄いね（笑）。

純　麒麟児が勝つか負けるかでその日が決まるぐらい。ホントに負けたときはひと晩泣いていたときもあったので。野球だと阪神の弘田（澄男）選手が好きで。

玉袋　弘田！　また渋いところなんだよなー。

純　その傍らでムード歌謡も好きになっていたので、図鑑に載っていた銀座の夜景とマイティさんの写真を下敷きに挟んで中1のときは登校していましたね（笑）。

玉袋　素晴らしいセンスだね。俺が中学の頃、下敷きに入れていた写真は福田和子だから。指名手配犯を入れてたんだよ（笑）。やっぱりちょっと変わってるふたりだね。

「選手が宿泊しているホテルが『ゴング』に載っていて、そこで選手がサインしてくれるよっていう告知までされていたからね」（玉袋）

——変わりすぎです（笑）。

純　その頃、『週刊プロレス』で読者同士でグッズを交換できる欄があったんですよ。

——「譲ります」「文通希望」とかありましたね。

純　そのときに「マイティ井上に関するモノを求めてます」って書いて送ったんですよ。たぶん載らないだろうと思ってたんですけど、万が一載ったときにちょっと恥ずかしいなっていう気持ちも当時あって。

——あれは住所と本名、個人情報が全部載っていましたからね（笑）。

玉袋　昔はそうだからな（笑）。

純　これは余談なんですけど、ボクの本名は橋本康之っていうんですが、「橋本アステカ」っていう偽名で送ったんですよ。アステカっていうのは楳図かずおの漫画に出てきた名前なんですけど。それで送ったのも忘れた頃、ある日学校から帰ってきたら家がちょっとした騒ぎになっていて。「橋本アステカ様」っていう郵便が大量に届いていたんです（笑）。

玉袋　謎の橋本アステカ宛郵便が（笑）。

純　いつの間にか週プロに載っていたみたいで、マイティさんのファンですっていう方々から「こんなのを持ってます」みたいな手紙がたくさん届いて。相手が中学生だからっていうことで、大人のファンの人は雑誌とかタダでくれたり、国際の初期のパンフとかを安く譲ってくれて。そのときに女性ファンの方が、マイティさんが出した『エマの面影』というレコードを持っていて、カセットテープにダビングしてくださったんですよ。それでその歌も凄く好きになって、毎日聴いていたら最後にはテープが伸びてしまって（笑）。

玉袋　マイティさんとムード歌謡だから、最強の組み合わせだもんな（笑）。

純　いまもそらでコピーができるくらいなんですけど（笑）。

玉袋　筋金入りだよ。いやー、「橋本アステカ」っていう名前が最高だよ。俺がペンネームをつけるとしたら「マイノリティ

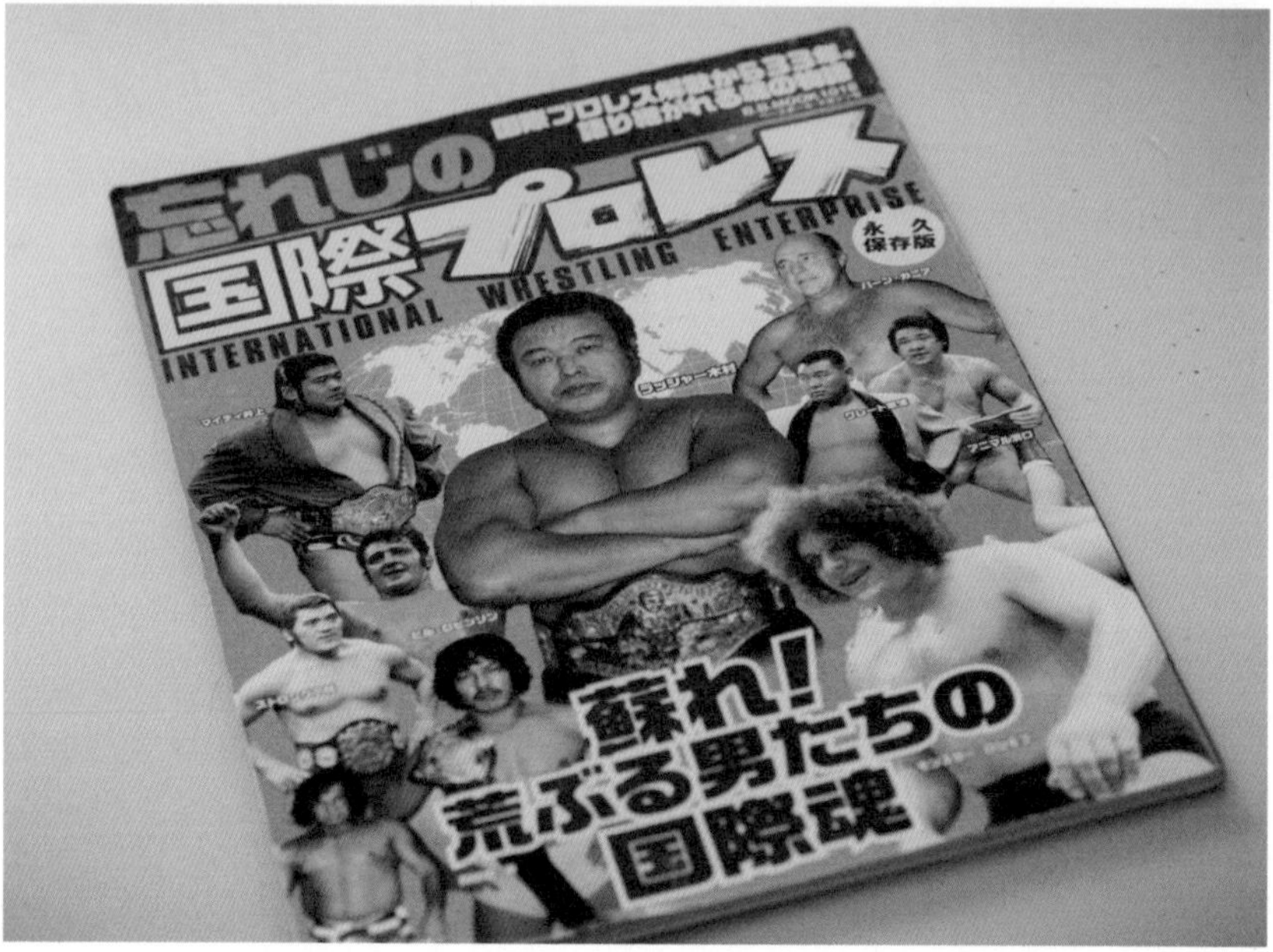

井上」ってするな（笑）。

純　当時、ボクにとってマイティさんは遠い存在だったんですけど、一度偶然見かけたことがあるんですよ。ボクは相模原の津久井というところに住んでいて、橋本のイトーヨーカドーで「もの凄くでっかい人がいるな」と思って近寄っていったら、全日本プロレスのジャージを着ていて。よく見たらそれがラジャ・ライオンで。

玉袋　イトーヨーカドーでラジャ・ライオンに会うって、引きが強すぎるよ！（笑）。

純　で、その隣にも凄く体格がいい方がいて、「あれ？　マイティ井上さんに凄く似ているな……」と思ったんですけど、そのときは怖さのほうが勝ってしまって声をかけられなかったんです。その記憶を大人になってもずっと憶えていたんですけど、マイティさんとお話させてもらうようになったときに確認したら、当時、相模原に住んでいたということで。

玉袋　やっぱり本人だったんだ！

純　マイティさんって、アンドレさんとも凄く仲がよかったじゃないですか。だから外国語はしゃべれないんだけど、教育係になっていたみたいで。

玉袋　大巨人担当だな（笑）。でも純ちゃんは、それだけ恋焦がれてあこがれていた人に偶然会えちゃうって凄いことだよ。で、そのファン同士で文通とかはしなかったの？

純　カセットテープにダビングしてくださった女性の方とはしばらく文通をしたりっていうのはあったんですけど、ボクのほうがマイティさんが引退するまではプロレスを観ていたんですけど、平成になってからはほとんどまともに観なくなってしまって。

玉袋　明るい〝平成のデルフィン〟の時代になって、あの薄暗い国際プロレス的な世界じゃなくなっちゃったんだよな。

純　ボクはいまでも昭和プロレスの本は毎晩枕元にあるくらい、ずっと好きなんですけど。やっぱり玉袋さんがおっしゃるように、昭和プロレスは魑魅魍魎と跳梁跋扈するファンタジー、現実を忘れさせてくれる桃源郷だと思うんですよ。

玉袋　そうだよなー。

純　ボクがザ・タイガースやジュリーが好きなのと一緒で、ファンタジーを味わせてくれて、ぐっすり眠らせてくれるんです（笑）。

玉袋　いいねー。

純　玉袋さんが門馬忠雄さんとの対談で、国際が東京12チャンネルの放送を打ち切られたとき、新聞のラテ欄に「国際プロレス（終）」って書いてあって「プロレスって最終回があるんだ!?」って言っていたのがおもしろかったですね（笑）。

玉袋　そうなんだよ。あのラテ欄を見たときは衝撃だったからね。国際は羅臼で終わる前にテレビ放送が終っちゃってたんだよな。

――1981年の春に打ち切りになって、その後もなんとかノーテレビで巡業は続けていたんですけど、4カ月で命運尽きてしまったんですよね。

玉袋　俺なんか「国際プロレス（終）」って出る2、3カ月前から「こりゃ、危ねえな……」って思ってたもん。国際プロレス中継の番組内で「子ども入場料無料！」っていうロールが流れてきたりとかさ（笑）。

――あからさまに客席を埋め始めてる（笑）。

玉袋　あとは選手が宿泊しているホテルが『ゴング』に載っていて、そこに行ったら選手がサインしてくれるよっていう告知までされていたからね。大久保の新宿サンパークホテルかなんかに泊まってるっていう話で。

――「追っかけ大歓迎」っていう（笑）。

玉袋　そういうのって苦肉の策だったんだろうけど、いま考えたらファンサービスとしては新しいよな。お金がないからアイデアで勝負するしかなかったんだろうな。

「自分の誕生日に誰もいない宮崎の居酒屋でマイティさんとふたりでお酒を飲ませてもらったりして」（純）

――外国人選手が高くてあんまり呼べないから独立愚連隊を

悪役にするっていうのも、いまの反体制ユニットの走りですしね。鶴見五郎は現代で言えば、内藤哲也ですよ（笑）。

玉袋　あと、たまに来るスーパースター・ビリー・グラハムが遠藤光男と腕相撲をやったりとかさ、ああいう映像がたまんねえのよ。あとは音楽もよかったよ。

純　入場テーマ曲を最初に導入したのは国際ですもんね。ラッシャー木村の入場テーマ曲が『スカイダイバー』で全然合っていないっていう（笑）。

玉袋　音楽といえば、マイティさん以外にサンダー杉山さんもレコードを出しているしね。

——当時、コクがある人たちはみんなレコード出していますよね。

玉袋　きっとスナックで自慢の喉を披露して、「上手い、プロみたい」っておだてられて出しちゃうんだろうな。相撲取りも一緒だよ（笑）。

純　今日はそういうレコードも持ってきたんですよ（と言って、昭和のレスラーのレコードを取り出す）。

玉袋　うおー、すげえ！　サンダー杉山さんの歌はタイトルが『十字路』だもんな。たまんねえ。

——どれもこれもジャケットが素晴らしいですね（笑）。

玉袋　もう最高だよ！　いま時代はこれを求めてるんだよ。マイティさんなんか、西尾三枝子さんと夫婦でデュエットソング出しちゃってるんだから。プレイガールとプレイボーイだからね。『あの娘のお店』っていうタイトルも最高だよ（笑）。

——バックが夜の街のネオンというのもいいですね（笑）。

玉袋　あとはストロング金剛さんの『花の追綱』。土佐犬の歌なんだよ、これ。

——B面が『俺は闘犬』っていう（笑）。

玉袋　サムソン・クツワダさんのレコードもいいな。クツワダさんも全日でクーデターなんて考えないで、国際プロレスにいたらもっと長く現役を続けていたかもしれねえな。ところで純ちゃんとマイティさんの親交が始まったきっかけっていうのはなんだったの？

純　闘道館のトークイベントに行ったとき、質問コーナーで勇気をふりしぼって手を挙げて、いきなりギターでポロンとやって「♪寂しがりやの～」って『エマの面影』を歌ったら、マイティさんの目が点になって（笑）。

玉袋　いきなり仕掛けたんだ！（笑）。

純　最初は「なんやコイツ？」みたいな感じだったんですけど、「よう知っとんなー」となって、そこでちょっと存在を知っていただいたんですね。

玉袋　そりゃ、かなり印象づけたよ。

純　その後、利根川亘さん（チーム・フルスイング代表）がやっていた飲み屋さんに行ったとき、「そんなに好きだったら

いま電話するから」ってその場でマイティさんに電話をしてもらって。ボクが電話をかわったら、マイティさんが「あー、あのときのキミか」って感じで憶えていてくださって。「電話番号を教えるから今度電話してきなさいよ」って言われて。

玉袋　そういう感じで女も口説いてたんだろうな（笑）。

純　こんなに容易く電話番号を教えてもらえると思わなくて（笑）。

玉袋　その頃はもう「タブレット純」として活動していたときなの？

純　そうですね。マイティさんと初めて電話でお話したのは4、5年前なので。そこからマイティさんのほうからもちょいちょい連絡が来るようになって、お話好きな方なので、いつも1時間くらい話したりとか。あとボクが宮崎で営業があったときにマイティさんに連絡したら「じゃあ、ウチに来なよ」ってことになって、ちょっと離れていたんですけど都城まで行って。ちょうどボクは誕生日だったんですけど、誰もいない居酒屋でふたりでお酒を飲ませてもらったりして（笑）。

玉袋　誕生日にマイティさんとサシ飲みって、中学1年の「橋本アステカ」少年に教えてやりたいよ（笑）。

純　まさか誕生日に宮崎の地でマイティさんとふたりっきりで話ができるのは（笑）。マイティさん、いま足を悪くされているんですけどね。

玉袋　2年くらい前に俺が対談させてもらったときもそうだったよ。

純　やっぱりプロレスラーの方はみなさん満身創痍というか。マッハ隼人さんもガリガリに痩せて、いまは施設にいらっしゃるらしくて。寺西さんも身体がよくないみたいで。

玉袋　マッハさんも寺西さんも対談させてもらいてえんだけど、そういうのもあってなかなか難しいんだよね。

純　ストロング小林さんも打診できない感じですか？

玉袋　もう動けないのかな。車椅子だもんね。

純　青梅でひとり暮らしをされているっていう。

玉袋　以前はお母さんとふたりで住んでいたんだもんね。「ノーマン・ベイツ」って俺が呼んでたんだから（笑）。

――青梅モーテル（笑）。

玉袋　亡くなっちゃった人も多いけどさ、マイティさんが純ちゃんと会話してるっていう話を聞くだけで、まだ国際は残ってるって思うよね。

「夜空を見上げるたびに思い出せナイトライダーじゃねえけどさ、夜空を見上げるたびに思い出せ国際プロレスだよ」（玉袋）

純　ボクは若くして亡くなったスネーク奄美さんも味があって

好きなんです。

玉袋　奄美さんもいいよねー。

純　奄美さんはアマチュアレスリング時代から頭からガンガンいきすぎて、脳に血豆みたいなのができちゃったらしいんですね。それでもかまわずにガンガンいって、結局、脳腫瘍になって29歳の若さで亡くなられて。

玉袋　ラッシャーさんの付き人だったんだよな。それですげえ悲しんだっていう。

純　木村さんは奄美さんの亡き骸とふた晩添い寝したっていう。その様を木村さんの息子さんが見て、「お酒で酔うっていうのはこういうときにあるんだ」っていうのを子ども心に知ったらしいです。

玉袋　いい話だよ、それ。

純　ちょっと無理やりなんですけど、自分が住んでいるアパートが「木村荘」っていうんですよ。そこに寄り添うように建ってあるのが廃墟なんですけど「栄荘」で。スネーク奄美さんの本名は栄勇なので「木村に寄り添う栄」っていう（笑）。

玉袋　すげえいいところに住んでるよ（笑）。

純　これが自分の中の国際魂って感じで、ちょっとうれしいんです（笑）。

――国際プロレス解散40周年の年に、スネーク奄美さんの故郷・奄美大島が世界遺産に認定されて縁起がいいですね（笑）。

玉袋　奄美のクロウサギも絶滅しそうなんだけど、がんばって国際みたいになくならないでほしいよ。マングースに負けないでさ。

――でも国際プロレス最後の地が、最果ての羅臼っていうのがいいですよね。

玉袋　ガンツはそこに行ったんだもんな。

純　あっ、素晴らしい。ボクも行くのが夢で。

――最後の興行地「羅臼町民グランド」、実際は羅臼小学校の校庭なんですけど、3年前に行ってきましたね。羅臼が凄いのは、まず最寄り駅がないんですよ。一応いちばん近いのは知床斜里駅なんですけど、それでも70キロ離れていて羅臼まで直行バスも出ていない（笑）。

純　あっ、そんなところだったんだ（笑）。

玉袋　やっぱ羅臼で終わったから、国際プロレスはいい出汁が出てるんだよ。羅臼昆布もあるしな（笑）。

純　最後の意地で、後楽園ホールでやったりしないのがまたいいですね。

玉袋　羅臼小学校の校庭で淡々と試合をやって、「お疲れさま」の打ち上げもなかったっていうからね。

純　羅臼のメインイベントは鶴見五郎 vs テリー・ギップスの金網デスマッチで、試合が終わったときは誰も鶴見さんを待ってなくて宿舎に帰っちゃっていたって（笑）。

玉袋　その三々五五に散る感じが、飯場っぽくていいんだよな。
純　そこにも哀愁がありますよね。最後に消えるように終わったっていうのが。
玉袋　夜空を見上げるたびに思い出せナイトライダーじゃねえけどさ、ホントに夜空を見上げるたびに思い出せ国際プロレスだよな。
純　自分の活動の中でも、つらいときがあれば国際プロレスを思い出すとやっぱり励みになるといいますか。花と散るまではやりたいなって（笑）。
玉袋　純ちゃんのムード歌謡に特化した芸風っていうのも、国際プロレスのパイオニア精神につながるよね。そういう俺も事務所から独立して、ひとりはぐれ国際軍団なんだけどさ（笑）。
純　玉袋さんのお歳ではぐれ軍団になって活動するのは、凄い挑戦ですよね。
玉袋　そうよ、大変なんだから。スナックだって緊急事態宣言で営業できてないしね。いつ〝羅臼〟が訪れるかわからねえよ（笑）。
純　ボクもスナックに育ててもらったっていうのがあるので、そのスナックがいまはどこも火が灯ってないっていうのがホントにさびしいですね。
玉袋　ヤバいよね。
純　繁華街を歩いているとホント暗くなっちゃってて。スナックは歌謡曲を生んだ文化でもあるので、早くまた明かりを灯してほしいです。
玉袋　まあ、いまはコロナで大変な時期だけど、国際プロレス魂で耐えるしかねえよ！
純　ラッシャーさんは実際に耐えて耐えて、最後にはああやって「マイクの鬼」でブレイクしたわけですからね。
――イカ天の審査員のときによく言っていた、「耐えて燃えろ！」を座右の銘にしたいですね（笑）。
玉袋　そうだな。耐えて燃えろだよ。なんか家に帰って、また国際プロレスのＤＶＤを観たくなっちゃったよ。おとといテレビを買い換えたばかりだからさ。いまは外で飲めねえから、80インチの有機ＥＬで国際プロレスを観ながら家で飲むよ（笑）。
――国際最後の日である8月9日は、昭和プロレスファンのお盆っていう感じで（笑）。
玉袋　そうだよ、お盆だな。天国にいる国際プロレスＯＢも全員帰って来てくれるよ。メインはラッシャーさんの金網デスマッチだ！
純　今日はこんな素晴らしい企画に呼んでいただけて、本当にうれしいですね（笑）。
玉袋　じゃあ、純ちゃん。これからも国際プロレスを語り継いでいこう！

玉袋筋太郎（たまぶくろ・すじたろう）
1967年6月22日生まれ、東京都新宿区出身。お笑い芸人。全日本スナック連盟会長。
高校時代よりビートたけしの追っかけを始め、卒業後にビートたけしに弟子入り。師匠から「玉袋筋太郎」と命名される。1987年、水道橋博士と「浅草キッド」を結成。2020年3月末に株式会社TAPを円満退社し、現在はフリー。芸能活動のかたわらで『絶滅危惧種見聞録』『男子のための人生のルール』『浅草キッド玉ちゃんのスナック案内』など多数の本を手がけ、『新宿スペースインベーダー―昭和少年凸凹伝―』で小説デビュー。コンビの著作として『お笑い男の星座』『キッドのもと』など。こよなく愛する"スナック"普及に力を入れており、社団法人全日本スナック連盟会長も務める。

タブレット純（たぶれっと・じゅん）
1974年8月31日生まれ、神奈川県相模原市出身。歌手・タレント。
幼少時より古い歌謡曲に目覚め、2002年に和田弘とマヒナスターズメンバー主催のカラオケ教室に入門。入門から2カ月後、マヒナスターズ新メンバーとして「田渕純」として歌手デビューを果たす。その後2004年からはソロとなり、サブカル系のイベント出演のほか、寄席・お笑いライブにも進出。芸風はおもに歌ネタで構成されており「ムード歌謡漫談」という新ジャンルを確立して異端な存在となる。また歌ネタ以外に声帯模写もおこなっている。子どもの頃からプロレスを観るのが趣味で、中でも国際プロレス、マイティ井上の大ファンであった。

自己投影観戦記

できれば強くなりたかった

第114回 「アントニオ猪木闘魂伝説の完全記録」

椎名基樹

椎名基樹（しいな・もとき）1968年4月11日生まれ。放送作家。コラムニスト。

7月に茅ヶ崎に引っ越した。高校を卒業してから33、34年間東京で暮らしたことになる。鎌倉の友人のところによく遊びに行っていたので、昔から海のある湘南地区に住みたかった。コロナやら仕事の都合やらが重なって、やっと念願叶って引っ越すことができた。マイナスの要因が、人生を良い方向に進ませる、もしくは良い方向かどうかわからぬが、新たな方向に向かわせるきっかけになる。人生何が幸いで何が災いかわからない。人生はあざなえるブルロープのごとしである。

ただ私が知っているのは逗子、鎌倉だけで、そこから以西についてはまったく土地勘がなかった。マンションの内見の段階になって、電車の中でGoogleマップを確認して、湘南といっても茅ヶ崎が非常に遠いことに気がついた。

上京以来、9軒目の我が家である。引っ越しというのは、そのたびに新鮮な気持ちで日常を送ることができる。特に今回は、遠い土地に移住してきたのでなおさらだ。引っ越しはいいものだ。しかし「引っ越し作業」そのものは、一般的な私生活の中で、もっともハードな苦役のひとつなのではないだろうか。今回もきつかった。

さらに家のモノの配置は、長い時間をかけてコツコツとできあがっていくもので、苦労して作り上げたそれらをぶち壊す作業は非常に虚しい。愛着もある。前の部屋は8年間住んだが、キッチンの皿などの置き場所が使いやすく納得できたのは、引っ越す半年ほど前だった。案の定いま現在、何を部屋のどこに置いてあるのか、置いていいのかわからない、非常に不便な生活を余儀なくされている。

引っ越し作業でまず途方にくれたのが、このコラムでも何度も書いている「ダニのマンション」の整理であった。5つの本箱に詰まった書籍を取り出して、新居に持っていくものとブックオフに持っていってもらうものを分ける必要がある。

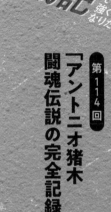

それ以上に懸案となったのが、ほぼ創刊号から揃っている『紙のプロレス・ラジカル』や『kamipro』をどうするかということだった。これらの雑誌のある時期のものは、非常に安っぽい製本で、ホッチキスが取れて本がバラバラになりかけていた。いっそいっぺんに捨ててしまおうかと思ったが、せめて自分が書いたページぐらいは取っておくべきだと考え直して、それを1冊1冊切り取ることにした。地味な作業だ。2日間ほど黙々とカッターナイフを走らせた。

すると身体に変調をきたした。次の日の朝、喉の痛みで目を覚ました。微熱もある。何より大量の痰が出ることに閉口した。ちょっと記憶にないくらいの量だ。喉のあ

KAMINOGE vol.117

定期購読のご案内!

より早く、より便利に、そしてお得にみなさんのお手元に本書を届けるべく「定期購読」のお申し込みを受け付けております。

発売日より数日早く、税込送料無料でお安くお届けします。ぜひご利用ください。

●購読料は毎月 1,120 円（税込・送料無料）でお安くなっております。
●毎月５日前後予定の発売日よりも数日早くお届けします。
●お届けが途切れないよう自動継続システムになります。

お申し込み方法

※初回決済を 25 日までに、右の QR コードを読み込むか、「http://urx3.nu/WILK」にアクセスして決済してください。以後毎月自動決済を、初月に決済した日に繰り返し実行いたします。
【例】発売日が 10/5 の場合、決済締め切りは 9/25 になります。

※セキュリティ設定等によりメールが正しく届かないことがありますので、決済会社（@robotpayment.co.jp）からのメールが受信できるように設定をしてください。

※毎月 25 日に決済の確認が取れている方から順次発送させていただきます。（26 日～ 28 日出荷）

※カードのエラーなどにより、毎月 25 日までに決済確認の取れない月は発送されません。カード会社へご確認ください。

未配達、発送先変更などについて

※ホームページのお問い合わせより「タイトル」「お名前」「決済番号（決済時のメールに記載）」を明記の上、送信をお願いします。
返信はメールで差し上げておりますため、最新のメールアドレスをご登録いただきますようお願いします。

また、セキュリティ設定等によりメールが正しく届かないことがありますので、「@genbun-sha.co.jp」からのメールが受信できるように設定をしてください。

株式会社　玄文社
［本社］　〒108-0074　東京都港区高輪 4-8-11-306
［事業所］東京都新宿区水道町 2-15 新灯ビル 3F
TEL 03-5206-4010　FAX03-5206-4011
http://genbun-sha.co.jp　info@genbun-sha.co.jp

KAMINOGE

たりが痰でザブザブしている感じがする。1日中、龍角散を飲んだり、トローチを舐めたりしたがらちがあかない。

マスクをしないで作業をしたことを悔いた。本を本箱から出した時点でかなりカビ臭く、埃が舞っていたのに。普段外でマスクをしているぶんだけ、家でそれをつけることを失念してしまったのかもしれない。

次の日、意を決して病院に行った。経緯を説明した。私の喉の奥を覗き込んだ女医さんは、ポツリと「痰が多いなぁ」とつぶやいた。喉の奥に溜まった大量の痰ってどんなふうに見えるのだろう？　抗生物質とアレグラを処方されて、5日間飲み続けてやっと痰は止まった。ありがとう桜庭和志！

私は悩んだ。「この菌だらけの本を新居に持っていくべきか？」。これも何度も書いているが、私はKindleペーパーホワイトが非常に好きだ。このデバイス以外で読書はしたくない。漫画を読む場合はiPhoneかiPadである。私は電子書籍信奉者である。なのに邪魔でかび臭い書籍の山を、綺麗な新居に持っていくなんて……。まぁ持ってったんですけど。

あとついでだから書かせていただきますが、本橋信宏の『出禁の男・テリー伊藤伝』と小島和宏の『W☆ING流れ星伝説 星屑たちのプロレス純情青春録』を電子書籍で出して！『KAMINOGE』以外の紙の本はいらないっす。出版社のみなさん、もっと電子書籍に力を入れてください！　それをやらずに出版不況とか言わないでください！

しかし書籍を集めることに自己満足し、書籍が詰まった巨大な本箱に憧れていたのは、ほんの少し前のことだ。私の過去のそんな気持ちを象徴するかのような本が、引っ越しのときに掘り起こされた。『プロレスラー アントニオ猪木闘魂伝説の完全記録』である。1998年のアントニオ猪木の引退に際して出版された豪華本である。図鑑のようなA4サイズ。真っ赤な外箱に真っ赤なハードカバーの本が収められている。

じつはこの本、全10巻の発行予定だったが、猪木はじめ執筆陣のスケジュール上の都合という理由で、②〜⑥巻のみで中止された。①巻は最後に刊行する予定であり存在しない。1冊3800円であるが、購入するときは先払いで10冊分3万8000円支払った。刊行が滞ると1、2回ほど、ワープロ書きの謝罪の手紙とともに、アントニオ猪木写真集やらポスターやらが送られてきた。「騙された！」と思った。

今回、この原稿を書くにあたり初めて本を開いてみた。各巻巻頭にオリジナルのアーティスティックなイラストとともに猪木のメッセージがあり、それに村松友視の序文が続く。そのあとに古館伊知郎やターザン山本のコラムが添えられている。

本の内容は、シリーズごとの参加外国人の紹介。おもな試合の試合経過の詳細が、写真入りの表で収められている。「0分0秒、ゴングとともにリング中央に飛び出す」みたいな。アントニオ猪木のプロレスラーとしての足跡を後世に伝えるためのロゼッタストーンのような本である。「騙された」と書いたが、この狂気じみた、過剰な内容が貫徹できないのも仕方ないと思える。

それにしても、私がお金を持っていた時代はないが、それでもいまよりも余裕がなかっただろう24年前に3万8000円を出して一度も開かない本を買うとは、なんて私はバカなんだろう。本なんて他人に見せびらかして、見栄を張ることすらできないではないか。しかも現在、家の中でただただ邪魔な存在でしかない。

今年テレビ東京を電撃退社した男の
穏やかすぎる素顔とこれから向かう先!!

おもしろい人はなぜおもしろいのかを
調査する好評連載・第8回

収録日:2021年8月6日
撮影:タイコウクニヨシ
聞き手:大井洋一　構成:井上崇宏

佐久間宣行

[テレビプロデューサー・演出家]

「もともと自分がクリエイターになれるとは
思っていなかったし、テレ東という
お笑いの仕事がゼロだった局のわりには
楽しくやっていたから、早々にゴールテープを
切っていてウイニングランの
状態なんですよ。だから人から
どう思われようがなんだっていい(笑)」

佐久間さんって思ってるよりもデカいんですよ。初めて会ったのはテレビ東京の極楽とんぼの『こちらササキ研究所』という番組だったと思うんですけど、あれが2006年だからもう15年前。そこから佐久間さんが作る番組にちょこちょこと呼んでもらっていて、ありがたいかぎりなんですが。

今春、テレビ東京を退社しフリーとなった佐久間さんは、出会った頃より20キロ太り、元PRIDEヘビー級王者、氷の皇帝ことエメリヤーエンコ・ヒョードルと同サイズ（183センチ・100キロ）になっていました。

いまや、エンタメの皇帝になりつつある佐久間さんの話。途中からあいかわらずボクの人生相談になっています。（大井）

「自分で勝手に『そんなにお笑いのセンスがピッタリ合っている時期ももうねえだろ』と思ってる」

——佐久間さんがテレビ東京を退社したのは、今年の3月ですよね。

佐久間　うん。3月30日で辞めて、4月1日からフリーですね。

——やっぱり状況や環境はガラッと変わりましたよね？

佐久間　変わったといえば変わった。たとえば、これまで企画ってテレビ東京の編成向けにしか用意していなくて、そこにはテレ東のバジェット（予算）に合わなくてあきらめていたものとか、思いついたけどやっていない企画とかがあったわけだけど、それをフリーになってから外に持って行ったら、まあことごとく通るなっていう（笑）。それがこの先もずっと続くかは置いておいて、いろんなレイヤーでお仕事をもらえているなって感じですね。

——テレ東ではもちろんテレビ屋だったわけですけど、これからはテレビだけではないわけですよね。

佐久間　そうだね。もう発表されているのだとYouTubeでバラエティを作っているのと、あとはsmash.というサイトでハライチの冠番組を作っていたりとか。それと引き続きオールナイトニッポンと、NHKとか日テレに何回か出たりしつつ、フリーになってからの4カ月でいただいたお仕事っていうのはこれから先なんですよね。だからいまはニュースとして発表された3月に「辞めたならこれをやってくださいよ」って言われたやつがぽつぽつと出始めている感じで、いまちょうど下半期に作る番組、配信サイトでいくつか新作と、他局でお笑い番組もやりそう。それと予想外のところから広告仕事をいただいたりとか（笑）。

——どれかひとつでいいくらいの仕事を一気にやると（笑）。やっぱりテレビだけじゃないとなると、いろんなプラットホームがあるじゃないですか。ボクは作家だから正直そこはあまり関係なくて、メディアがどこであろうがオーダーされたことをただやるんですけど、佐久間さんはそれぞれの感覚に合わせてやるっていう感じですか?

佐久間　そこは本当に模索中。いまは手持ちの企画がいくらでもあるから、それを出していってる感じだけど、それがその媒体での自分のストロングポイントになるかはわからないからね。全部お笑いをベースに作っているんだけど、自分の実力と、自分自身で勝手に「そんなにお笑いのセンスがピッタリ合っている時期ももうねえだろ」と思っていて。

――意外にもそこの怖さがあります?

佐久間　「俺はもう50を超えたらやべえんじゃねえか」と。だからこの5年の間はお笑いの仕事をベースに、テレ東にいたらできなかった仕事をできるだけやって、その間にもう1個「外に出たからできる強みが見つかるといいな」と思ってなんでも受けようかなと。だから変な話、もしかしたらストーリー性のあるもののほうが得意っていうか、50を超えたらそっちのほうが向いてるなってなるかもしれないし、そこでお笑いをやらなくなるかもしれないからこそ、いまは死ぬほどやっておこうと思っているし、もしかしたら何かを作るよりも帯ラジおじさんとかになったほうがいいかもしれないから(笑)。だからフリーになってからは、よっぽどじゃない限りは仕事を断らずにやってるよね。

――お笑いの感覚が合わなくなるかもしれないから、その前に大好きなお笑いを散々やっておこうっていう。

佐久間　ただ、俺はほかの人よりは長続きするかな? とにかく俺は死ぬほど観るのが好きだし、けっこう平気でエゴサもできるし(笑)。

――自分を客観的に見ることができていると(笑)。

佐久間　そこで痛みを伴うのも大丈夫ですから(笑)。あとはツイッターのフォローとかでも「なんで俺、この人をフォローしてるんだろ?」っていうぐらいに嫌いな人がいても、そういうのを外して理想のタイムラインにしたら俺の好みの世界だけになっちゃうから、必要悪と思ってちゃんとフォローし続けているの。

――安らぎの空間はないんですね(笑)。

佐久間　あえて安らぎの空間を持たないようにしてる。それによって逆に浄化しているのと、あとは「これが世の中の現実だ」とちゃんと怒りを持っておこうという(笑)。でもまあ、ズレても食っていけばいいんだけど、もっと自分に向いている仕事があるんじゃねえかっていうね。

――ズレた先に。

佐久間　ズレた先に。ズレてるのにお笑いに固執していたら、一緒に仕事している芸人にも悪いし。

――ボクも気づくともう40を超えてて、まわりは若手だらけだし、歳をとったなって思うんですけど、やっぱりボクもいっぱい観ようとはしているし、若い人たちと仕事をすることでいまを知ろうと思っているんですけど、それでも多少の怖さはありますね。

佐久間　あるよ。ただ俺もそうだけど、お笑いをゴリゴリでやっているディレクターってたくさんいるじゃん。自分の中でちょっとだけ「ほかの人よりはズレてはいないかな」って思うのは、俺はもともとスタートの時点でズレてたの。なぜならマッチョイズムがすげー嫌いだから。かつてテレビにあったパワハラ、セクハラ文化がめちゃくちゃ苦手だったから、俺はADの頃からそれはずっとしなかったし。

「俺にとっておふくろはヒーローみたいなもので、めちゃくちゃカッコいい、こんな人になりたいって思ってた」

——長らくマッチョイズムが隆盛を極めている時代がありましたね。

佐久間　お笑い界の先輩後輩に関するマッチョイズムとか、女性に対する接し方も含めて、そのもともとの文化から俺はズレてたから、現段階はズレてた俺に寄ってきてる感じなんだよね。

——世の中の価値観が自分に近くなってきたと。

佐久間　本当は俺はお笑いとしてはズレてるのかもしれないけど、向こうが寄ってきたぶんズレがそこまでじゃないっていうのを感じてるのね。それはべつにお笑いだけじゃなくて、テレビ界や芸能界にあるＭｅＴｏｏのこととかも全部ひっくるめた意識というか、まあウチは母親がそういう人だったのもあって。

——お母さんが。

佐久間　母親の家庭環境がちょっと複雑で、祖父がギャンブルにはまって一家離散みたいなことになったから、おふくろは親戚に育てられていたんだよね。そういう人間のわりにはめちゃくちゃ明るいから、俺はおふくろのことをめちゃくちゃカッコいいと思っていたの。パート先でも若手から頼られて相談されるみたいなことをしていて、俺にとっておふくろはヒーローみたいなもので「ああいう人になりたい」っていう気持ちがあって。

——上から行くハラスメントではなく、歩み寄るという。

佐久間　それをおふくろの立ち振る舞いから習ったので、俺ってずっとそういうタイプの人間を目指しているんですよ。それがテレビに入ってから早い段階でくじけて、「やべえ、この世界で生きていくためには鬼にならねえと」っていうね。下に仕事を全振りして、全部を下のせいにするヤツみたいなのしかこの世界では生き残ってねえなと思って（笑）。

——だけど、うまく行ったら自分の手柄っていう。

佐久間　そういうマッチョイズム、修羅の世界だから、自分には向いてねえんじゃねえかと思いながらも、なんとか自分なりにうまく立ち回ってやってきて、精神的にもキツかったんだけど、ようやく「そういうのはダメだよ」って言ってくれる世の中になったから俺は気がラクになったの。

——なるほどー。一方で、これからテレビの影響力がどんどん弱くなるっていう話もあるじゃないですか。

佐久間　いやでも、それは30代くらいから感じていたよね。

——かつてはテレビがエンタメの王道であり王様だったわけですけど、テレビ局員になることを目指したのはやっぱりそういうものを作りたかったからですか？

佐久間　いや、もともと俺はディレクターとかになれるタイプの人間だとは思っていなくて、最初はフジテレビの事業部を受けたのね。そうしたら面接官がおそらく亀山（千広）さんだったんだけど、そこで「何が好きなの？」って聞かれていろいろしゃべってたの。フジロックの1回目に行った話とか、こないだ観たばかりの電気グルーヴのライブの話とかをしていたら「そんなに細かくおもしろいことを説明できるってことは、キミは事業じゃなくて制作のほうに向いてるよ」って言われたの。「何がおもしろいのかが自分の中にある人だから作ったほうがいいよ」って言われて、結局フジテレビは役員面接で落ちて、受けたら受かったっていう。そこから制作で間に合ったのがテレ東だけで、受けたら受かったっていう。

——フジテレビの面接で初めて制作を意識したんですね。

佐久間　そこでもしフジテレビに入っていたら、「テレビ・イズ・ベスト」のままで行けたかもしれないけど、その頃のテレ東だとあまりテレビに夢を持てなかったというか、ほとんど沈んでいて番外地の空気があったくらいなんで。

——でも結果的にそこが合っていたっていうことですよね。

佐久間　テレ東にはお笑いを作ってる人が誰もいなかったのね。それで俺はマッコイ（斉藤）さんのやっている会議を覗きに行かせてもらったりしていたんだけど、ほかにお笑いをやっている人間がいなかったから潰されようがなかった、ずっと番外地にいたからこそやれたっていう（笑）。それと会社をある程度儲けさせられたら続けられるという方程式もなんとなくわかったので、それがテレ東でよかったことじゃないかな。

——ずっと制作をし続けるのには最高の環境だと。

佐久間　そこでもし偉くなろうとしたら、お笑い以外のことをやらなきゃいけなかったけど、割り切って好きなことをやっていたら出世競争から外れているので誰にも潰されない。これが他局だと、お笑いをやっていても出世競争に関わるじゃん。でもテレ東はお笑いだけをやっているかぎりは絶対に出世しないから（笑）。テレ東にも縦のラインはあるので、たぶん旅番組や音楽番組をやっている人は出世競争に巻き込まれているから。

——たしかにテレ東で旅と言えば、出世レースの匂いがしますね（笑）。

佐久間　旅でステップアップして偉くなったりはするけど、お笑いはただここにいるだけだから（笑）。誰からも潰されないし、先輩が余計なことを言ってこないし。

「14年も毎回違う企画のお笑い番組を作っていくって大変だから、『ゴッドタン』はよく続いてるよね」

——『大人のコンソメ』が『ゴッドタン』の前身番組になるんですよね？

佐久間　でも『大人のコンソメ』は俺の番組ではなくて、プレゼンで『大人のコンソメ』に最後に負けた企画が俺が出したやつなの。くりぃむしちゅーさんの番組で『くりぃむの罰ゲーム倶楽部』っていう企画書を制作会社と一緒に書いていて、おもしろい罰ゲームをそれぞれが持ち寄って投票されて、負けたヤツが自分の罰ゲームを喰らわなきゃいけないっていう企画で、俺はそれが凄くおもしろいと思っていて。それで伊藤（隆行）さんが『大人のコンソメ』を持ってきて俺の企画が落ちたんだけど、『大人のコンソメ』を伊藤さんが演出しないからコントロールができなくて。ディレクターはあの頃尖っていた斎藤（崇）さんだったから「局のディレクターを入れたほうがいいんじゃないか？」ってことで俺があとから入ったの。

——そうだったんですね。『大人のコンソメ』は1年くらいやったんでしたっけ？

佐久間　あれは半年。最初のふた月くらいの数字で終わることが決まっていたんじゃないかな。「なんだよ、若手を使って長続きさせねえのかよ……」と思ったんだけど。

——そこから『ゴッドタン』を立ち上げる感じですか？

佐久間　そう。最初は恐る恐る入ったんだけど、やっぱりおぎやはぎと劇団ひとりはめちゃくちゃおもしろいなと思って、この人たちで企画書を出したいと思ったのと、あとは『大人のコンソメ』に下っ端で入ってきた作家のオークラさんがすげえおもしろいなと。それでオークラさん、おぎやはぎ、劇団ひとりと番組をやりたいなと思って企画書を作ったんだけど、そうしたら『大人のコンソメ』の最終回のあとに番組DVDを出すことになったんだよ。普通は番組DVDって総集編で作るじゃないですか？　でも数字が悪かった番組の総集編が売れるわけがねえなと思って、ポニーキャニオンに「新撮で全部撮らせてほしい」ってわけがわからないことを言っ

たらオッケーしてくれたから、番組予算をちょっとずつ削って新撮で撮ったやつが話題になってちょっと売れたんで「もう1回くらいやらせてもいいか」っていう空気が流れたことで生まれたのが『ゴッドタン』なんだよね。

——そうだったんですね。『ゴッドタン』を始めたとき、佐久間さんはいくつですか?

佐久間　特番のときは2005年なので、29ですね。それでレギュラーが始まったのが2007年で、レッドカーペットブームが始まった頃だよね。

——常に本流があり、その横にずっといるという(笑)。

佐久間　そうそう。それで最初の頃は「毎回企画が変わるバラエティなんて定着しないよ。何をやるか決めたほうがいいよ」ってずっと言われ続けていたの。「ずっとキス我慢をやりなよ」とか。

——すでにいいのを持ってるんだからと(笑)。

佐久間　たしかにキス我慢をやったら24時台なのにダントツで視聴率5パーくらい獲ってたの。だから「ずっとキス我慢やりゃいいじゃん」みたいなことを言われていたんだけど、そうしたら絶対に半年で終わるから「まあまあまあ……」ってかわしながら(笑)。

——のらりくらりと。だって2007年スタートってことは、レギュラーになってもう14年ですよね。

佐久間　14年も毎回違う企画のお笑い番組を作っていくって大変だから、よく続いていますよね。

——「ネタが枯渇することはない」っていうお話をよくされていますけど。

佐久間　いやでも、あるよ。いまはけっこう割り切って若手のおもしろい人たちもガンガン入れようと思っているし、コロナでできない企画が半分以上あるから逆に尽きることがないけど、若手が出てこなくてお笑いブームでもなくて、あまり人がいなかった時期があるんだよね。

——それってたぶん3年くらい前ですかね。

佐久間　そうそう。3、4年前くらいの話。オードリーとかはもうゲストで出てくれるような格ではなくなってきたし、でも次の世代はそんなにいないしっていう頃。だから、たとえば太田プロだとアルコ&ピースから宮下草薙までの間が売れていないのよ。そういう状態のときに俺はよしもとにも好きな芸人はたくさんいるけど、ここは関東芸人で『ゴッドタン』を作ってあげたいなと思ってはいても若手がいないという状態で。

——だから自前で回すしかないってことですよね。

佐久間　そうそう。しかもバナナマンが売れて『ゴッドタン』に準レギュラーで出られるような格ではなくなってからの数年は、けっこう企画でも苦労したかもしれない。だから東京

03をストーリーの中にめちゃくちゃ入れたりとか、劇団ひとりにめちゃくちゃがんばってもらったりしながら作ったよね。その時期が『ゴッドタン』の企画を作っていていちばん大変だったかもしれない。

「ホントに放っておくと、ただひたすら関節の取り合いをやっているみたいな番組を俺は作っちゃう（笑）」

――でも佐久間さんは会議をしていて「こういうのはどうかな？」って自分でもアイデアを出すタイプの人ですよね。

佐久間　俺は自分の会議しか知らないから、ほかがわからないんだけど。

――作家が出したものを選ぶ人もいるわけですよね。だから番組の企画を出し続けなきゃいけないっていうのは大変だし、しかもいまは新たなソフトも増えてきているっていう。

佐久間　そうなんだよね。でも、それは最初にも言ったけど、いまはやりながらそれぞれのメディアごとのコツを掴みたいなっていう気持ちがあるからガムシャラにやろうと思っているのと、あとは高田文夫さんがどこかで言っていたことだったかな、「とにかく思いつくときに死ぬほど思いつけ」って。「いずれ思いつかなくなるから」と。

――思いついている間はとにかく思いつけ。

佐久間　その言葉を聞いてから、50くらいまではずっと付き合ってくれる人がいたら企画会議をやりたいし、思いつくかぎり死ぬほど思いついておこうって考えるようになっちゃった。

――でもボクらは作家だから企画を出して、そのネタがアリかナシかをジャッジしてくれる人がいるけど、演出は自分ジャッジだから大変だなと思うんですよね。

佐久間　あー、たしかに。それはいまだに悩むよ。

――自分で思いついたけど自分で却下しなきゃいけないとか、「どっちのパターンもあるけど、これはどっちなんだ？」っていう悩みもあるじゃないですか。

佐久間　あるある。俺の場合は思いついたものが自分の現場でウケる確率は9割近いから、そこには自信があるんですけど、それが世の中に受け入れられるかどうかの自信はまだないので、そこの客観的なジャッジはわからない。俺って放っておくとすぐに笑いの方法論とかシステム論とか、お笑い芸人の中の仕事論とか、お笑いの構造が好きすぎてマニアックなものになって、一般の人からすると取っ掛かりがないなっていうものを原液で作っちゃうことがよくあるから。だから『あちこちオードリー』とかが受け入れられてるっていうのは奇跡だと思っているんですよね。あれも始めた当初に「やべえ。これ、お笑い論になりすぎているんじゃねえかな？」

と思って、「いかん、いかん！」って違うゲストを入れようとするんだけど、若林（正恭）くんがもうそっちのモードだから、これはもうこのままエンジンをふかして、まずコアな人からおもしろいと思ってもらわなきゃダメだなって方針転換したんだけど、放っておくとすぐにマニアックになっちゃうから。

――そこは多少気をつけているというか。

佐久間　気をつける。『ゴッドタン』だと、たとえば声優とかほかの要素を無理やり放り込んだりとかね。

――要するにお笑い以外のかけ算をするっていうことですね。

佐久間　そうそう。ホントに放っておくと、ただひたすら関節の取り合いをやっているみたいな番組を俺は作っちゃうから（笑）。

――佐久間さんのＳＮＳを見ていると異常なインプット量じゃないですか。ボクももっと映画とか観たいし、芝居も観たいし、ライブも観たいんだけど、どう考えても時間がないんですよ。これは前に人から聞いた話で「佐久間さんがコンビニでレジ待ちのときにＮｅｔｆｌｉｘを観てた」って（笑）。

佐久間　それはホントだから隠しようがない（笑）。

――でもそれを聞いて思ったのは「そうやって観るＮｅｔｆｌｉｘは楽しいのか？」って話なんですよ（笑）。でも映画もドラマもどんどん入れていくじゃないですか。それって昔からですか？

佐久間　昔から。だってそれがやりたくて東京に出てきたんだもん。早稲田大学の入学式に行くよりも先に、半蔵門にあるチケットぴあの本社に徹夜してるからね。

――それはなんのチケットだったんですか？

佐久間　たしか鴻上尚史さんの舞台のチケットだったと思うんだけど。もうインプットだけはずっと辞めていないからね。中・高の頃は地元に何もないから本なのよ。それで単館の映画とかずっといいなと思っていて、最初は東京にビビっていたんだけど、だんだんと慣れて、いろんなお芝居とかを観られるようになったから、大学２年のときなんか俺は２単位しか取ってないんだよ。それで即留年しているんだけど。

――いろんなものを楽しみすぎて。

佐久間　それで大学３年のときに「フジロックがあるからバイトをしなきゃ」と思ってバイトをしてフジロックに行って、そこからは毎年フェスとかも始まっちゃってね。だからそういう動きができていなかったのは、ＡＤで死ぬほど忙しかった時期だけだね。

――それは単に好きだから入れているのか、それとも入れたほうが潤滑していく、アイデアが浮かぶからなのか、どっちですか？

佐久間　あっ、全然。ホントに好きだから。俺はいろんな人にウソをついてまで観に行くからね。家族にもウソをついて、あとで嫁がインスタを見て「芝居、観てんじゃねえか」って（笑）。いやもうホントにただ楽しみでっていうだけ。だから今日もこのあとの打ち合わせが押すかもって言われたの。だからうしたらいま公開している『クレヨンしんちゃん』が観られるなって。なんか歴代の中でも今回のは傑作らしいのよ。90分だから観たいなと思ってる。

「やっぱりラジオで2時間しゃべったあとは興奮していて眠れないから、その興奮を利用して娘の弁当を作ってる（笑）」

――そんなことを言われたら、このインタビューも早く切り上げないと（笑）。

佐久間　俺は映画の尺数と、どの映画館で何時っていうのを全部把握してるから。

――たしかに把握していないと、パッと2時間空いたときに映画に行こうっていう発想にならないですよ。

佐久間　（スマホの画面を見せて）たとえばGoogleのカレンダーに今日は「『KAMINOGE』の取材」って書いてあるでしょ。それでやらなきゃいけない仕事を書いていて、その横に「クレヨンしんちゃん」って書いてあって、ここをクリックすると「TOHOシネマズだと何時」っていうのが出てくるわけ（笑）。あとは『プロミシング・ヤング・ウーマン』はTOHOシネマズだと日本橋と日比谷の両方を入れてあって、前後のスケジュールに合うほうに行こうみたいな。

――ワンチャンある可能性が、すべてカレンダーに記されていると（笑）。

佐久間　だからワンチャンあるところには行けるっていうね。打ち合わせから近場の映画館のタイムスケジュールも常に入れてあるから。

――凄いなあ……。そこまでやらなきゃダメですか？（笑）。

佐久間　いや、そこまでやらないと公開が終わっちゃう（笑）。

――いやもう恐ろしい、そのカレンダー（笑）。

佐久間　この黄色のやつが家で映画を観るスケジュールで、緑色が劇場で観るスケジュールね。あとは大事な映画の公開日は赤字で入れてあるから。

――完全に安らぎはないですね（笑）。

佐久間　べつに俺は好きでやってるんだからいいじゃん。仕事じゃなくてこれが安らぎなんだから（笑）。

――安らぎと言っても、確実に睡眠時間が削られるわけじゃないですか。

佐久間　だから俺は舞台とかを観に行く用にエスタロンモカを携帯しているんだよ。ほら。
――カフェインを摂取してまで行く！（笑）。
佐久間　カフェインを入れて観るようにしてるから。だから寝ない（笑）。
――佐久間さんはいまいくつでしたっけ？
佐久間　45。
――それこそオールナイトニッポンの時間帯も異常だし、あれがあることによって生活リズムはグチャグチャですよね？
佐久間　オールナイトニッポンはたしかにそうですけど、やっぱりラジオで2時間しゃべったあとはまだ興奮していて眠れないんですよ。だからその興奮を利用して平日は娘の弁当を作るんだけど（笑）。それでいまは夏休みで弁当を作らなくていいから「映画をもう1本観れるな」とか。だからラジオから帰ってビールを飲みながら映画を1本観て、朝6時くらいに寝て昼の12時くらいから会議するっていう。
――恐ろしい。ボクらが20代の頃って「忙しければ忙しいほどいい」みたいな価値観だったけど、いまの世の中的には働く時間を短くして、自分の時間を作って楽しみましょうという流れになってきているじゃないですか。それでも佐久間さんは仕事の時間をセーブしようっていう感じにはならないですか？　ずっと走り続けたい？
佐久間　いや、べつに走り続けていないんですよ。だって俺はそこをセーブしたら観る芝居の量が増えるだけだもん（笑）。
――たしかに！　起きている時間はもう全部そこに使う（笑）。
佐久間　時間があったら企画を考えるか、映画を観るか、芝居を観るかだけですから。
――そこに優劣がないわけですね。会議している時間も楽しいし。
佐久間　会議をしているときと映画を観ているときはあまり変わらない。どっちがつらいとか、どっちを我慢してるとかっていうのはないから。あと芸能界での付き合いとかそういうのはいまだに苦手で、ここまで「苦手だ」って言ってきたら誰も誘ってこなくなったしね。

「ウイニングラン中にキレるなんてどう考えてもおかしいからね。俺はとにかくキレない（笑）」

――無駄な時間はもはやゼロと。これはボク個人の話ですけど、大物とかあとは若手でも売れている芸人さんが相手だと萎縮しちゃうんですよね。
佐久間　ああ、わからないわけではないですね。
――それでなかなか打ち合わせに行かなくなってきているんですけど（笑）。でも佐久間さんはそこで物怖じすることなく行けますよね？

佐久間　行く。

——ボクの根底にあるのは「コイツ、つまんねえな……」って思われたくないから行けないっていう部分もあったりして。

佐久間　それはわかるわ。わかるんだけど、俺はそんなのはどうだっていいんですよ。

——どう思われようが？

佐久間　べつにどう思われてもいい。だって俺は18のときに自分がクリエイターになれるとは思っていなかったし、テレビ東京というお笑いの仕事がゼロの局で「コント番組をやりたい」って言ったら「フジテレビに行けよ」って言われたわりには楽しくやっていたから、早々にゴールを切っていて、あとはずっとウイニングランの状態なんですよ。

——とっくに夢は叶えちゃっているわけですね。

佐久間　もう叶えちゃってるの。だから俺の身の丈にあった夢としては、とっくにウイニングランになっているんですよ。もう35くらいでゴールテープを切っていて、そこから10年やっているつもりだから、人からどう思われようがどうだっていいというか。

——ウイニングラン中に何を野次られようがかまわないと（笑）。

佐久間　「俺はもう達成してっから」っていう（笑）。「達成後のウイニングランがちょっと長いだけだから」っていう状態で。

——そう思えたら強いですね。ちなみに敵がいるなって思うときってあります？

佐久間　えー、いるのかな？　まあでも、たぶんいると思うよ。だってこういう仕事の仕方をしていたら「アイツ、なんだよ」って言われることもたくさんあったし、特にいまなんて局を辞めちゃったから「失敗すりゃいいのに」って思っている人はたくさんいるような気がするんだけど。ただ失敗はないのよ。だって俺はすでにゴールテープを切っているから（笑）。

——完全に目からウロコですね（笑）。たしかにボクもフジテレビでコント番組をやったりとか、『笑っていいとも！』をやったりとか、放送作家になりたいと思っていた頃にやりたいと思っていた仕事をすでにやっちゃってるなと、いま思いました。

佐久間　そうでしょ？　そうなんだよ。もう大井さんなんてめちゃくちゃゴールしてるよ。あとはボーナスステージなんだよ。

——ボーナスステージで何をビクビクしてるんだと（笑）。いまはもう金貨を集めるだけの時間なのに。

佐久間　そうですよ。俺なんかもボーナスステージだからこそ、めちゃくちゃ感謝しながら仕事をしていますよ。でもホントにそうなんだよ。これもおふくろの影響かもしれないな。両親が離婚して天涯孤独の身になりそうだったおふくろが、俺と妹というふたりの子どもがいるってことで「ゴールだ」みたいなのが口癖だったから。俺も自分の力量とスタート位置のわりにはゴールだなっていうのを30代半ばに思えたので。これってハングリー精神がないということなのかもしれないけど。

——でも少なくともゴールにたどり着くまではハングリーだったわけですからね。

佐久間　そうそう。

——では最後に、最近「冗談じゃない！！」と思ったことはなんですか？　ここまでの話の流れだとあまりなさそうですね（笑）。

佐久間　だって大井さんとも付き合いが長いけど、俺が本気でキレてるのを見たことないですもんね？

——ホントにない。キレないんですか？

佐久間　こんなの俺が言ってるとウソっぽいけど、キレない。これも間違いなく母親のイズムですね。

——何が起きても「しょうがないな」と受け入れる。

佐久間　ウイニングラン中にキレるなんて、どう考えてもおかしいからね。俺はとにかくキレないです（笑）。

大井洋一（おおい・よういち）
1977年8月4日生まれ、
東京都世田谷区出身。放送作家。
『はねるのトびら』『SMAP×SMAP』『リンカーン』『クイズ☆タレント名鑑』『やりすぎコージー』『笑っていいとも!』『水曜日のダウンタウン』などの構成に参加。作家を志望する前にプロキックボクサーとして活動していた経験を活かし、2012年5月13日、前田日明が主宰するアマチュア格闘技大会『THE OUTSIDER 第21戦』でMMAデビュー。2018年9月2日、『THE OUTSIDER第52戦』ではTHE OUTSIDER55-60kg級王者となる。

佐久間宣行（さくま・のぶゆき）
1975年11月23日生まれ、
福島県いわき市出身。
テレビプロデューサー。演出家。作家。早稲田大学商学部を卒業後の1999年、テレビ東京に入社。ドラマのADを経てバラエティに転属し、同局の人気番組『ゴッドタン』『あちこちオードリー』『考えすぎちゃん』などのプロデューサー、演出を行う。2019年4月4日からはラジオパーソナリティとしてニッポン放送『佐久間宣行のオールナイトニッポン0(ZERO)』を担当。2021年3月31日、テレビ東京を退社してフリーランスとなる。同年7月にはYouTubeチャンネル『佐久間宣行のNOBROCK TV』を開設した。

兵庫慎司のプロレスとはまったく関係なくはない話

第75回 久住昌之が許せない

久住昌之が許せない。

と、テレビ東京で7月9日（金）から、シーズン9の放送が始まった、『孤独のグルメ』を熱心に観ている友人が、言うのだ。

久住昌之。言わずと知れた、このドラマの元であるマンガ『孤独のグルメ』の原作者コンビ（画が谷口ジローで、作が久住昌之）の片方である。で、このドラマ版では、彼と、彼のバンドであるザ・スクリーントーンズが、音楽も手掛けている。

それから、ドラマ本編のあとに「原作者・久住昌之が実際にお店訪問」する『ふらっとQusumi』というコーナーを持っていて、主人公の井之頭五郎（松重豊）が食べた店に行って、本編では俳優たちが演じているスタッフの本物の方々と、談笑しながら、うれしそうに食ったり飲んだりしているのでも、おなじみである。

友人は、その『ふらっとQusumi』のことを、「許せない」と言うのだった。

音楽に関しては、原作者の特権で得ている仕事なのかもしれないが、まあべつにいい。しかし、『ふらっとQusumi』は、ひっかかる。なんで出てるんだ？　だってあなた、「原作者」と呼ばれ続けてはいるけど、実際、物語には、なーんもタッチしてないじゃん。

原作は、1994年から1996年まで、『月刊PANJA』に連載された分と、2008年から2015年まで『週刊SPA！』に不定期に掲載された分、合わせて単行本2冊・全32話しかないのであって、仮にその32話を全部トレースしたとしても、そんなのとっくに使い終わって、以降は脚本家がオリジナルで書いていることになる。

たとえばさくらももこは、『りぼん』誌面で『ちびまる子ちゃん』を月刊連載から不定期連載にしたあと、アニメ用のオリジナル脚本を、自ら書き下ろしていた時期もあった。が、久住昌之がそういうことをしている様子は、ない。脚本でクレジットされていないし、『ふらっとQusumi』で訪れる店も、常に「初めて来ました」という風情だし。

つまり、「原作者」というよりも「元原

兵庫慎司

兵庫慎司（ひょうご・しんじ）1968年生まれ、広島出身、東京在住、音楽などのライター。音楽サイトDI:GA ONLINEに『兵庫慎司のとにかく観たやつ全部書く』、月2回ペースで連載中。『孤独のグルメ』のシーズン5（2017年）の5話で「東京世田谷太子堂の回転寿司」に五郎さんが行ったとき、放送が終わると同時に近所に住む友人から「あそこ、五郎さんが喜ぶほど旨い店ですか!?」と怒りのLINEが届いたことを、書いていて思い出しました。同じくこのエリアに事務所がある、ペールワンズの代表はどう思われたでしょうか。観てないですか。そうですか。

作者」では……いや、それは言い過ぎか。じゃあ、ええと、「原案」くらいが適切かな。コージィ城倉の『プレイボール2』と『キャプテン2』におけるちばあきおと、『新・味いちもんめ』におけるあべ善太のクレジットが、「原案」なので。

そんなふんわりした人が、店で飲み食いするさまがコーナーになっている。しかも、五郎さんはお酒飲まないのに、ビールだの日本酒だのをあおりながら（現在のシーズン9では、さすがに時節柄、ノンアルビールでしのいだり、「家で飲みます」と、料理をテイクアウトしたりしているが）。

要る？このコーナー。もし要るとしても、久住昌之がやる必要、ある？なんでそんな「原案者接待コーナー」を見せられなきゃいかんのか、毎週毎週。

と、その友人は言うのだった。そのような疑問など持ったことがなく、楽しく番組を観ていた僕は、意表をつかれて驚いた。が、「言われてみれば確かに」とも思った。

で、自分がそのような疑問を抱かなかった理由は、簡単に思い当たった。僕の9歳下であるその友人は、久住昌之のことを「『孤独のグルメ』の人」としてしか認識していないが、僕はそうではないからだ。

どっぷり80年代サブカル育ちで、思春期に『かっこいいスキヤキ』や『ダンドリくん』などの「泉昌之」（泉晴紀&久住昌之コンビのペンネーム）の作品に感化されまくったもんで、それ以降も彼に対して尊敬の念を抱いている、だから『ふらっとQusumi』もありがたく観ている、ということなのだと思う。当時、衝撃的におもしろかったのだ、超どうでもいいことにこだわる男のさまを、劇画タッチで綴る『かっこいいスキヤキ』収録の『夜行』とか。

で、もうひとつ気がついたこと。『ちびまる子ちゃん』や『ドラえもん』や『クレヨンしんちゃん』と、『孤独のグルメ』の差異だ。前者は「作者が亡くなったので、これ以上新しい原作が描かれることはない作品」であるのに対し、後者は「作者ふたりのうちひとりが亡くなったので、これ以上新しい原作が描かれることはない、でも、もうひとりの作者は元気に生きている作品」であることだ。

そういう意味でもレアな作品だし、その「元気に生きている方」が、ドラマが終わると毎週出てくるというのもレアだ。前述のちばあきおや、あべ善太のように、「亡くなったあとに誰かが引き継いでマンガを描く」のとも違って、「マンガは描かれないけどドラマは続く」というケースだし。

そうか。いろんな意味で、かなり特殊な番組だったんだな、これ。ということに、シーズン9にして、気がついた私なのだった。

で、そんなあやふやな立場なのに、楽しげに番組で飲み食いし続ける久住昌之に対して、私が抱くのは、「許せない」よりも、「いいなあ、あんなふうに生きられたらなあ」という、羨望の感情なのだった。

あとひとつ、私が期待していること。若き日の松重豊や甲本ヒロトや梶原善がアルバイトしていた、下北沢の老舗中華料理屋『珉亭』に、五郎さんが行って、名物の赤いチャーハンをかっこむ回が放送される日が来ることである。

それ、番組スタッフも、考えていないわけがないと思う。いつか迎える最終回のために、撮らずにキープしているのだろうか。

KAMINOGE COLUMN

平本蓮の“男の子”としての正しさ。
MMA第2戦が早く観たい!

KAMINOGE LIVE FOREVER

収録日：2021年8月13日
撮影：保高幸子
試合写真：©RIZIN FF
聞き手：井上崇宏

平本蓮

［総合格闘家］

「大晦日のあとの、あんなにクソ～！ってなる瞬間って人生でそんなにないというか。でもそのとき思ったのは、俺はどんなに落ち込むことがあっても絶対に死なないなって。こうなったら俺はマジでＲＩＺＩＮで狂い切ってやるぞって闘志がメラメラ燃えてきたんですよ」

「悪口をバーッとつぶやいたあとは練習の気合い度が全然違うんですよ（笑）」

――アメリカ修行が当初の予定よりも先延ばしになっているということで、今日はいろんなお話をお聞きしたいんですけど。まず最近、平本さんがSNSで皇治選手とかK－1の安保瑠輝也選手のことを永遠におちょくっていますけど、あれはいったいどういうつもりなんですか？（笑）。

平本　なんですかね（笑）。ボクは格闘技が好きだからこそ格闘技で自分を表現していきたいっていうのがあるんですけど、その格闘技でボクが否定しているものは常日頃から否定していきたいっていうのがあって。ボクの意思、想いを伝えるひとつの手段として「アイツらは間違ってるぞ」って言い続ける必要があるというか（笑）。べつにむやみやたらに悪口を言っているというわけではなく、しっかりと心の底から「嫌いです」って言っている感じです。だから「俺はダメだと思うよ」と言い続けているのはボクの中でのひとつの自己表現ですね。

――ということは、好意的に考えると、格闘技に対してオン・オフはないんだと。人生すべての時間をオンにして格闘技に捧げているんだと（笑）。

平本　そうですね（笑）。ぶっちゃけ格闘技以外はどうでもいいっていうか。でも、それは「格闘家として」じゃなく、「平本蓮」という存在として「皇治や安保とかそういう連中を否定し続けなきゃ俺じゃないだろ」っていう、いちおう使命感を持ってやっていますね。

――使命感ということは、それなりに心をこめているぞと。

平本　適当なことは言っていないですから。しっかりと調べてちゃんと噛み砕いた結果、「自分はこう思います」っていうのを表明しているつもりっスね。たしかに言葉の表現とかは悪いかもしれないですけど、ひとつ言うとしたら、ボクはちゃんと笑えるように心がけてはいるんですよ。クスッと笑えるようにはしているつもりだから、格闘技ファンにも身内ネタみたいな感じで笑ってもらえたらいいなって。だからひとつのパフォーマンスであると同時に、笑いを届けている感じですね。

――いや、ここまでちゃんとした思惑があるとは思っていなかったですよ（笑）。つまり反射的にふざけてやっているわけじゃないよと。

平本　そうです。「それって間違ってねえか？」っていうことを見つけたら、その都度しっかりと言うっていう感じで。だから、べつに間違っていないなって思うことに関しては反論していないんですよ。ボクの中ではそこはしっかりと選別しているつもりではありますね。

――そうなんですね。ただ、これはちょっと言いづらいんですけど、MMAをまだ1戦しかやっていなくて、2戦目もまだ決まってない状態で「そんなにほかの選手にかまっていていて大丈夫なんですか?」っていう気持ちは見ていてあるんですよ。

平本　はいはい。

——それは裏を返せば、それだけ充実した練習ができているっていうことなのか。

平本　それはあるかもしれないですね。純粋な気持ちで格闘技に打ち込めているなっていう。「めちゃくちゃ練習しています」とか「過去イチで仕上がってますよ」とかそういうのじゃなく、純粋に「格闘技、楽しいな」と思っていて。MMAの世界に入ってきてまだ2年も経っていないですけど、小学生のときにキックボクシングを始めた頃のただただ楽しかった感覚に近いのかなって。だからいまは本当に格闘技以外はべつにどうでもいいし、マイナスな意味じゃなく結局は格闘技しかないからこそ、常に格闘家としての自分でいたいっていうか。それもあって触れるところというか、ボクがSNSで「今日はパフェを食べに行きました」みたいなのは誰も見たくないんで、だったら格闘技にまつわるあれこれを提供していったほうが絶対にいいだろっていう。自分の立ち位置がどうとかっていうのはあまり気にしていなかったかもしれないですね(笑)。

——いまの状態は最高潮にノリノリだっていうことですね。そのせいで何人かがとばっちりを喰らってるという(笑)。

平本　「みんなでがんばろうよ!」みたいな気持ちもありますね(笑)。格闘技って個人競技ではあるんですけど、いちばんチームワークが必要な団体競技でもあるのかなって。もちろん仲良くやれとかじゃなく、そしてただ盛り上げようぜっていうんじゃなく、「みんなで仕事しようぜ!　いいものを作ろうぜ」みたいな気持ちがあるのかもしれないですね。SNSって私生活とはまた別のひとつの世界になってきているわけですから、自分が思ったこと、感じたことはそこでハッキリと言おうって決めていて、いいものはいいって言いたいし、好きなものは好き、嫌いなものは嫌いって言っていくのがいちばんいいかなと。それも格闘技に打ち込めているからこそだと思うし、逆にバンバンつぶやいているから、変な話、悪口をバーッとつぶやいたあとに「よっしゃー、練習に行こう!」っていうときの気合い度が全然違うんですよね(笑)。

——ツイートはウォームアップなんだ!(笑)。

平本　何も言ってこなかった頃は、練習に行ってもただキツイし、ひたすらにがんばるって感じだったんですけど、いまはこれだけ言っておけば自分自身も気が引き締まって「よっしゃー、やってやるぜ!」ってなるんですよ。そうやって自分に気合いを入れている部分もあるんでしょうね。そのモードに慣れてしまったので、もうそれしかできないっていうか(笑)。

RIZIN

skyticket
RIZIN
Cygames

「K−1にいた頃ってなんかわからないけど『MMAは自分とは無縁』って思っちゃうんですよね」

——練習前につぶやいとかないとケガするぞって（笑）。それで渡米はいつ頃になりそうなんですか？

平本　結局、9月の1週目とかになりそうですね。ここまで延期になった理由としては、ちょっとボクもよくわかっていないんですけど（笑）、受け入れ態勢の問題ですね。ボクの中では8月からあっちに行ってバチバチ練習してって思っていたので7月から作り込んでいたんですけど。まあ、ここまで延びたら延びたで気にせず、日本でしっかりと作っていこうと思っています。あまり焦らないように、いつ行ってもいい状況にしておこうと思っていて、そのおかげでいい練習ができているのかもしれないですね。

——ちなみに練習はいつもここ（GENスポーツパレス）ですか？　あっ、あと駒沢のIGLOOにも行っていますよね？

平本　そうですね。ここと最近はIGLOOにもけっこう行かせてもらっています。

——じゃあ、GENでMMAの練習をやって、IGLOOでグラップリングをやっている感じですね。

平本　そういう感じで回していますね。

——それでアメリカでの練習場所がウィスコンシン州ミルウォーキーにあるROUFUSPORT（ルーファスポーツ）で。そこはK−1ファイターだったリック・ルーファス、デューク・ルーファス兄弟の弟のデュークが主宰しているジムですけど、やっぱりそこを選んだ要因として、キックボクサーがMMAのチャンピオンを育てているということが大きかったですか？

平本　たしかにそこにめちゃくちゃ興味がありますね。キックあがりの選手を育てるのにも向いていると思うし、ルーファスがPRIDE、K−1、RIZINとか日本の格闘技が好きみたいなので、手厚く教えてくれるんじゃないかっていうアドバイスもあったし、ボク自身もいろんなジムの話を聞いた中でいちばんしっくりきたんですよね。まずは触れてみないとわからない部分も大きいとは思うんですけど。最近は「一歩でもいいから前に出れたらいいな」っていうのをいつも練習中に思っていて、「ひとつでもいいから気づきがあれば」って感じで練習していると凄く楽しいし、少なくとも1日1個は技を覚えようっていうのでやっているので。だから向こうの現地で練習をしたり、見たり触れたりするだけで自分の中で凄く収穫があるんじゃないかと思って、めちゃくちゃワクワクが大きいなっていうのはありますね。ど田舎だって聞いているので日本人ともあまり会わなそうだし、早く行きたい

なって。

――不安はないですか？　生活がしづらかったら嫌だなとか。

平本　不安は、メシがケチャップとマスタードくらいしかないんじゃないかなっていう食事の部分くらいかもしれないですね。胃もたれとか凄そうだなとか、こっちで絞っているのにあっちに行って太っちゃったらどうしようとか。

――元K－1ファイターのデューク・ルーファスさんのもとへ行く前に聞きたいんですけど、最近、ネットでは魔裟斗さんとか角田信朗さんといった元K－1ファイターたちによるMMAに対するディスりというか、ちょっと見下げたような発言が目立っていますけど。

平本　ああ、はいはい。

――キックの選手って、どうしてMMAに対して腹にイチモツを持っていたりするんですか？

平本　そうですよね。あれ、なんなんですかね？

――平本さん自身はK－1時代はどうでした？

平本　ボクはシンプルにキックボクシングが好きだし、観ていていちばんおもしろい競技だなとは思うんですよ。わかりやすいし、3分3ラウンドで短いし。

――高度なテクニックや駆け引きは置いておいて、単純に殴る、蹴るですからね。

平本　そう。わかりやすいという部分で一般にも浸透しやすい凄くいい競技だと思うんですけど、「最強を決めるとなればやっぱりMMAでしょ」っていうのはK－1をやっているときからありましたね。

――あっ、そうなんですか。

平本　キックの選手の誰しもが、どこか心の中で少なからず思うことだと思うんですよね。MMAやボクシングのようにないじゃないですか。ラスベガスで試合をするって、キックボクシングにはないじゃないですか。そういう「ラスベガスで大スターに」っていう憧れはどこかで持っているんですけど、K－1にいた頃ってなんかわからないけど「MMAは自分とは無縁」って思っちゃうんですよね。それはいまK－1でやっている選手もそうだと思うんですけど、自分とは無縁の夢物語の世界なんですよ。

「ホントにMMAに恋しちゃったんだって思うんですよね。大晦日に負けたことで、より知れた部分が大きいのかも」

――同じ格闘技だけど地続きにはなっていないというか。

平本　でもK－1ファイターには「俺らは世界のトップだ！」という誇りはあるんですよ。だから「俺らはこの競技を極めたのに、なんでいちばんを決めるために競技を変えなきゃいけねえんだ？」って、プライドを持ってキックをやっている人は思っちゃうと思うんですよね。ボクの場合は、K－1でやりたかった選手とやったあとに燃え尽き症候群みたいになっていたんですけど、先輩のハセケン（長谷川賢）さんがONEで試合をされているのを観て「なんで自分は海外のファンに騒がれているっていう理想図があるのに、その一歩を踏み出そうとしなかったんだろ」って思ったんですよ。MMAに興味がないわけじゃないし、むしろカッコいい競技だなって思っていたのに。それで「なんで自分とは無縁だと思って生きてきたんだろう？」って思ったときに自分にの中で矛盾を感じてきて、まだ10代だったっていうのもあって「もっと俺はいけるんじゃないか？」と思ってMMAをやろうと決めたんですよね。ボクは1回でもやりたいと思ったら、もうそれしかやりたくないので（笑）。

――へえー。そうだったんですね。

平本　その一瞬で「MMAをやりたい！」と思って、キックボクシングを続けていくっていう選択肢が消えたんです。これはボクの個人的な話ですから、ほかのキックの選手がどう思うのかはそれぞれ勝手ですけど、やっぱりMMAに対するコンプレックスと、自分たちがやっているものへのプライドがあるのかもしれないですよね。これまで積み上げてきたものっていうことに関しては、ボクシングやキックボクシングって単純に打撃だけの競技ですけど、単純だからより奥が深いというか、やれることが少ないからこそ技術を上げていくのって本当に地道な作業で。だからK－1の技術は凄いなと思うし、ボクもそれをやってきた誇りがもちろんあるんですけど。

――いや、いまのK－1って相当ハイレベルですよね？　しかも各ファイターのキャラクターも立っているし、エンタメとしても申し分ないなと思っているんですけど。

平本　だから現役じゃない、キックをやっていた人がMMAのことを悪く言うっていうのは、結局は自分のほうが凄いって言われたいんじゃないですかね？　でもボクなんかからすれば「俺が凄いってことを認めろ！」って自分で言うよりかは、やっちゃったほうがカッコいいんじゃないか思っちゃったりするんで。現役を引退したあとに「俺のほうがすげえ」って言い続けちゃうのって、「いまの自分にあまり自信がないのかな？」っていうか「飛び込む勇気がなかったんだろうな」って正直思うんですよね。べつにMMAに挑戦したから偉いとも思ってないし、自分がやりたいことをやればいいと思っているから、そうやってマウントを取ろうとする人のことを否定することもないけど、カッコよくはないかなって思いますよね。

――それにしても「なんでいま言うんだろう？」って思うんですよね。

平本　MMAがもっとデカくなっちゃうんじゃないかなって

いうか、MMAのバックボーンの中にキックボクシングがあるっていうのが世界的にも、特にアメリカなんかはそういう感じになっているじゃないですか。わりとキックは日本の市場だけで成り立っちゃうけど、ここからMMAがさらに世界的に流行ってきたときにキックボクシングはどうなってしまうのかっていう危機感ですかね？　それは外国人からすれば「いや、打撃もグラップリングもやればいいじゃん」みたいな感覚なのかもしれないし。でも「打撃だけ観たい」っていう外国人ももちろんいるとは思うから難しいですよね。ただ自分でキックボクシング、ボクシング、MMAの3種類をやってみて思うのは、どれも全然違うということ。だからこそ他競技相手にマウントを取り合う必要はないんじゃないかなって思うし、逆にいままでK－1しかやっていない人に、ボクがMMAのおもしろさを広めていきたいっていうのがあるんですけど。できたらMMAをやってみてほしいですね。「MMAってハンパなくおもしろいから」って（笑）。だから今回、元K－1の久保優太がRIZINに参戦してきたのは純粋にうれしかったですね。

――MMAの歴史を振り返ると、どんな競技でもそこでトップを獲れなかった人たちのほうが順応しやすいっていう部分はありますよね。やっぱりトップを極めるところまでいっちゃうと、逆にアジャストすることが難しいというか。だから2

番手、3番手だったみたいな人のほうがMMAに転向して活躍するパターンが多いと思うんですけど、平本さんはキックである程度のところを極めてきて、なのにMMAにここまで恋をできることが凄く珍しいケースだなと思うんですよね。

平本　たしかにキックあがりだと、キックそのものに誇りを持っていたり、スタンド勝負でっていうのはあるんですけど、ボクはむしろ打撃の練習はミットとかも全然やっていなくてスパーリングぐらいでしかやらないし、テイクダウンや寝技の練習ばっかしているんですよね。もっと早く知ればよかったって思うくらいにMMAが楽しいし、なんで自分がこんなにもMMAにハマったのかがよくわかっていないというか（笑）。

——でも自分のことなので、なんとなくわかりません？（笑）。

平本　ずっと同じ環境でずっと同じことをするっていうのがあまり好きじゃないのかなっていうか。それは飽き性っていうことではなくて、ある程度満足できるところまでいったらもっと難しいことをしたくなるというか。ドMなのかもしれないですね。

——あー、それはバリバリ現役の人の言葉ですね。

平本　グラップリングの練習だけの日とか、寝技はすげえ疲れるんですけど、練習が終わったあとすげー気持ちいいんですよね。達成感というか。ホントにMMAに恋しちゃったんだって思うんですよね。MMAの中でキックの技術を使うという楽しさもあるし、逆にそれが活きてテイクダウンにいけることもあるし、競技として自分に合っていたのかもしれないですね。それは昨年の大晦日に（萩原京平に）負けたことで、MMAをより知れた部分が大きいのかもしれないです。あれで逆に吹っ切れたし、さらに好きになれたというか、だから、とにかくいまは「純粋に強くなりてえ！」っていう。なんかMMA、すげーおもしろいっス（笑）。

「やっぱり『ずっとキックをやっていればよかったのに』って言ってくる知り合いもいるんですよ」

——ここから平本さんはどんどん強くなるでしょうね。

平本　ボクが小学生くらいのときにちょうど魔裟斗が引退して、当時は強いまま引退するという終わり方が綺麗でカッコいいなと思ったんですけど、意外と引退後の魔裟斗ってどうなのかなって。それで何をやっているのかなと思っていたら、新生K－1が復活したら解説者として戻ってきて、いままた格闘技界隈にいるじゃないですか？　でも現役時代のあの雰囲気のまま、あの態度の感じでいられても、「だったらもう1回やればいいじゃん」って思っちゃうんですよね。

——〝魔裟斗〟のままでい続けるなら、ってことですよね。

平本　常に身体もキレてるんだし、体力もあると思うから試合をしたらいいのにって思うんですよ。歳を重ねて大人になったらわかることって、(甲本)ヒロトさんがバンドについて言っていることへの言葉にボクが影響を受けてるっていうのもあるのかもしれないんですけど、昔凄かったバンドよりも、今日始めたバンドとかのほうが価値があるんだよっていう。それに近いというか、「過去にこんだけ凄かった俺らは」じゃなくて、いま何をやっているかだと思うので。ボクがヒロトさんのことを本当に好きな理由って、ブルーハーツとかハイロウズとかをやっていた過去とかは関係なく、いまはとにかくクロマニヨンズだってことでやっているじゃないですか? 素敵だなって思うんですよ。わかりますよね?

——ずっとあがらないってことですよね。

平本　だからボクはずっと闘い続ける青木(真也)さんとかも凄くカッコいいなって純粋に思うんですよ。ボクもああやって生きたいっていうか。自分の身体が潰れるまで、格闘技を限界までやりたいって純粋に思えるようになって。あと石井(慧)さんの生き方も好きですね。

——あー、わかる!

平本　石井さんも凄くカッコいいですよね。あの人はロックだなって思うんです。

——あの人も自分の柔道での栄光とか完全にどうでもいい人ですよね。

平本　ホントそうですよね。柔道の金メダリストと自分とでは比べるあれではないんですけど、自分と近いようなことを思ってＭＭＡに転向したのかなって思ったりしますね。石井さんも「ずっと柔道をやり続ける人生なんておもしろいか?」みたいなところがあったと思いますし、ボクにもそれと同じ感情がキックに対してあったのかなって。好きだからこそ、そこにずっとい続けるのもどうなんだろうっていう感覚があって、結局それは誰も喜ばないというか、何も生まないし。たぶん挑戦したかったんですよね、石井さんもボクも。

——石井さんもドＭっぽいですもんね。ずっと自分を追い込んでいたいっていうか、挑戦し続けていたい。

平本　やっぱり「ずっとキックをやっていればよかったのに」って言ってくる知り合いもけっこういるんですよ。

——本人にそう言ってくる人がいるんですね。

平本　いるんですけど、ボクからしたら「じゃあ、おまえ、小学校に戻んのかよ?」みたいな話なんですよね。中学に上がった人間に向かって「ずっと小学生をやっていたらよかったのに」って言っているようなもんじゃないですか(笑)。

——いまこれ、相当たとえがうまい(笑)。

平本　「いや、もう俺、中学生だから。小学生に戻んねえよ」っていう。自分を育ててくれた場所はＫ－１だし、青春時代っていうのも間違いなくＫ－１だったんですけど、そこで培ったものを使って大人になったいまMMAをやるっていう。それがボクのサクセスストーリーになるんじゃないかなって。「とにかく、いま俺がやりたいことはMMAなんだよ」っていう。最初にMMAに来たときは「テイクダウンをさせないでキックをガンガン披露して、キックボクサーの凄さを見せてやる」っていう気持ちも多少ありましたけど、実際にやってみて、それくらいの愛じゃダメだっていうか、格闘技を極める段階でMMAを本気で愛さないと強くなれないっていうのがわかったんですよね。それを大晦日の試合で感じて、あのあとからは練習の入り方が変わったというか、飲み込みも試合前と試合後では全然違っていたし、だからいま純粋に格闘技に打ち込めている理由は「MMAが凄く好きだから」だと思うんですよね。

「必要じゃないと思う人間関係を勝手に一気に断捨離したら、マジで友達が全然いなくなっちゃった（笑）」

——あの大晦日の試合のあとにインタビューさせてもらったときにも言いましたけど、ボクが平本さんのことを好きになった瞬間っていうのは、やっぱり元旦の「俺は負けてねえんだよ」っていうツイートに「なるほど！」となったからで（笑）。

SNSって表現者たちにとっては、自分の仕事や表現に関する補足だったり、あるいは言い訳だったりに使うことが多いような気がするんですけど、そうじゃなくて、「いや、負けてません」っていうのはかなり新しいなと思いましたね。

平本　あのときはマジで「クソ〜」みたいになっていて、ひとりでいろいろと考えれば考えるほど「クソが！」ってなっていたんですけど、逆にもう自分がクソすぎてスッキリするっていうか（笑）。

——結果的にその状況を楽しめたのが凄いですよ、マジで。

平本　これはもう落ちるところまで落ちたし、もうどうにでもなれじゃないですけど、「こうなったら俺はマジでRIZINで狂い切ってやるぞ」って闘志がメラメラ燃えていたんですね。「クソー、やってやる！」ってホントに悔しかったんですよ（笑）。だから正月の朝起きたときにはすげースッキリしていたんですけど、夜中はひとりでそういう感情になっているところに、ツイッターでのアンチからの猛攻撃じゃないですか。「クソ〜、コイツらもマジで！」と思って（笑）。たぶん、あんなに「クソ〜」ってなる瞬間って人生でそんなにないっていうか。

——たしかにもうないかもしれないレベルですよね。

平本　でもそのとき思ったのは、「俺ってどんなに落ち込むことがあっても絶対に死なないな」って思ったんですよね。その落ちているときも「もう俺なんかダメだ……」とは一瞬も思わなかったというか、どうやって復活してやろうかってすぐに次のことを考えている自分がいて「あっ、俺、全然死んでねえな」って。それで朝起きて思ったのが「よし、今年は格闘技をがんばろう！」と。

——2021年、新年の抱負がそれだったわけですね。

平本　それでつぶやいたんですよ、「俺は負けてねえ！」って。あの瞬間に強くなれたのかもしれないですね。逆にもう怖いものがなくなったというか、「狂い切ってやるぜ！」っていう覚悟が決まった瞬間だったのかもしれないです。

——素晴らしい！

平本　あの瞬間は一生忘れることがないかもしれないですね。いままで学校で学んできたどのことよりも学びになったというか、自分で経験してみて「やっぱり自分の先生は自分しかいないな」って。だからその瞬間に取り憑かれるようにMMAが好きになったというか、とにかく試合も前よりもたくさん観るようになったし。それからボクの勝手な感覚で、ここから格闘技に骨をうずめてがんばろうと思ったときに、まずは人間関係を整理しようと思ったんです。

——もう一気にどんどんやっちゃいますね（笑）。

平本　それで必要じゃないと思う人間関係を、ボクから勝手に一気に断捨離したんですよ。とにかく純粋に格闘技に打ち込めるようにっていうことでやったんですけど、そうしたらマジで友達が全然いなくなっちゃって（笑）。

——そりゃそうでしょ（笑）。

平本　でも、それでもいまが凄く楽しいし、日常で会う人なんて友達じゃなくてほとんど弟（平本丈）だけだと思うんですけど、弟と会って格闘技のことをしゃべって、練習して、それでまた家に帰ってからも格闘技の話をしたりとかをずっとしていて。そういういまの生活が凄く楽しいんですよね。だから大晦日の経験は本当によかったなって、いまになって思うっス。

——ますます今後を超期待しちゃいますけど、次の試合はいつごろになりそうですか？

平本　いろいろと話はしていて、たとえば秋にやるとなったら、4週間アメリカに行って、帰国してから調整してってことになるのか、それともアメリカ行きをちょっと延期してこのまま日本で作り込んでから試合をしたほうがいいのかとか、じつはそういう話をいましているところですね。正直、ボクとしては早く試合がしたい、だいぶ成長している姿を早く見せたいっていうのが凄くあって。

——そうなんですね。とにかく年内にはやると。

平本　そうですね。秋か大晦日には。ホントすげえやり込んできているので試合で負ける気が全然しないし、盛り上がるだろうなって思います。

平本蓮（ひらもと・れん）
1998年6月27日生まれ、東京足立区出身。総合格闘家。元キックボクサー。THE PAN DEMONIUM所属。
小学生のときからキックボクシングを始め、12歳で全国U-15ジュニアボクシング大会優勝、高校1年でK-1甲子園優勝、高校3年でK-1ライト級世界トーナメント準優勝、そして19歳のとき日本人で初めてゲーオ・ウィラサクレックにKO勝利するなど輝かしい実績を持つ。2019年11月1日、所属していたK-1 GYM総本部との所属契約が満了し、フリーになる。2019年12月29日、さいたまスーパーアリーナで開催された『BELLATOR JAPAN』で1年9カ月ぶりにリングに登場。芦田崇宏とキックボクシングルールで対戦し、TKO勝ちを収めた。そして2020年12月31日、自身初の総合格闘技ルールでの試合となった『RIZIN.26』で萩原京平と対戦。戦前に対戦相手の萩原だけでなく朝倉未来らともSNSを通じて舌戦を繰り広げて自身のMMAデビュー戦を盛り上げたが、2RTKO負けを喫する。

ケタ外れの身体能力を武器に
“世界”で活躍した男の現住所はGLEAT!

KAMINOGE KINCHAN JUMP

収録日：2021年8月10日
撮影：タイコウクニヨシ
試合写真：平工幸雄 / ©GLEAT
聞き手：堀江ガンツ

カズ・ハヤシ

［GLEAT 最高技術顧問］

「ボクの練習生時代はルチャだけじゃなくて
受け身やウェイト、そして極めっこも
全部やっていた。プロレスラーになるっていうのは強
くなりたくてこの世界に入ってきているわけですよ。
だからいま田村潔司さんから技術を
教えてもらえていることが新鮮だし、
プロレスラーにとって必要なことだなと
思ってやらせてもらっていますよ」

「アイドールの近くに近藤スポーツっていう小さい店にマスクを作っている職人さんがいて、そこがいちばん好きでしたね」

――今日は〝いま、もっともGLEATな男〟であるカズ・ハヤシ選手に、これまでの歩みを振り返ってもらいたいんですけど。じつは来年でデビュー30周年になるんですよね。

カズ　そうなんですよ。1992年11月のデビューなんで、もう来年で30年ですね。あっという間でしたけど、いろいろ勉強をし続けることができたというか。もともとボクはプロレスラーになろうと思ったとき、身長が171センチだったんで、当時オーディションの時点で180センチ以上ないとダメだった日本の団体には入れないと思っていたんですよ。それでもレスラーになるためには、身長制限のないメキシコに行くしかないなと。

――（獣神サンダー・）ライガーさんやウルティモ・ドラゴンさんがそうだったように。

カズ　そういう例があるのを知っていたから自分もメキシコに行こうと思ってたんですけど、ちょうどそのときユニバーサル（・レスリング連盟）のオーディションがあったんですよ。しかもルチャの団体だったんで、とりあえず受けたら受かってしまって。そこからスタートですね。

――ちょうど多団体時代の始まりだったわけですね。

カズ　それでもあの時代は、プロレスラーになるのが凄く難しかったのはたしかです。まず身長の時点でふるいにかけられて、それでも生き残るためには自分のスペシャルを作ることが必要不可欠だった。そのためにみんな必死だった気がしますね。だからこそ当時デビューした選手はいまも生き残っている人がけっこういるのかなと思います。

――当時のユニバの若手選手は、ほぼ全員トップになりましたもんね。それぐらい、身長が足りないというだけで才能がある人が揃っていたという。

カズ　それでもボクらは劣等感のようなものがありましたけどね。「普通にやっていたらメジャーな人たちには勝てないんだ」という意識があって。

――新日本や全日本でデビューしていないので、業界に「潜り込んだ」みたいな意識もありました？

カズ　ありましたね。だからこそ生き残るのに必死だったんですよ。

――ボクはカズさんと同い年（1973年生まれ）なんですけど、やっぱりプロレスラーに憧れたきっかけは初代タイガーマスクからですか？

カズ　そうですね。年代的にはタイガーマスクと、マスクマンが好きだったのでザ・コブラさんとか。あとは（ザ・グレート・）カブキさんですね。毒霧の真似をしたり、ヌンチャクを振り回したりして（笑）。

――当時の小学生は、校庭の水道で水を口に含んで毒霧の真似をみんなやっていましたよね（笑）。

カズ　ホントにみんなやっていましたよ。小学校でクラスみんながプロレスラーの真似を普通にやっていた時代でしたから。だって『週刊少年ジャンプ』の裏表紙の通販広告でプロレスのマスクが売っているんですよ。

――ちゃちい、インチキなおもちゃマスクですよね（笑）。

カズ　あとはカブキさんのヌンチャクが売っていたりしたじゃないですか。ありえないですよね（笑）。

――日武会のやつですよね（笑）。じゃあ、カズさんはマスクマニアとしても有名ですけど、最初に手に入れたのはそういう非公式のおもちゃマスクですか？

カズ　最初はなんのマスクを手に入れたんだっけな……でも本物を買いましたよ。中学ぐらいのときにストロング・マシンかザ・コブラのどっちかですね。しかもＯＪＩＳＡＮ製だったような気がするんですよ。

――当時もっとも信頼されていたブランドですね（笑）。特にＯＪＩＳＡＮ製のスーパー・ストロング・マシンのマスクがやたら人気ありましたよね？

カズ　凄く人気ありましたよ。ボク、サイン会にも行きましたから（笑）。

――あのラメ入りのマスクが少年ファンの心をくすぐったんですよね（笑）。

カズ　詳しいですね。マスク好きなんですか？

――マスクマニアというわけじゃないんですけど、ボクら世代のファンはみんな好きでしたよね。カズ選手は東京の世田谷出身ということで、子どもの頃から新宿のアイドール（プロレスショップ）とかにも行っていたんですか？

カズ　スタートはアイドールですね。その後、レッスルにも行ったんですけど、そこはマスクよりもビデオ中心で。

――レッスルはビデオメーカーのクエストが母体でしたからね。当時はマスクの品揃えといえばアイドールで。

カズ　あとはその近くに近藤スポーツっていう小さい店なんですけど、ミシンがあって、マスクを作っている職人さんがいたんですよ。だからそこがいちばん好きでしたね。

「デビュー戦からマスクを被れることが凄くうれしかった。『これ、ずっとミステリアスなままだな』って（笑）」

――プロレスラーになる前からマスクマニアで集めていたんですか？

カズ　もう趣味がマスク集めでしたね。
――でも、ボクらが中学、高校の頃ってＵＷＦが人気で、ルチャの人気がいちばん落ちていたときじゃないですか。
カズ　たしかに佐山さんのタイガーマスク時代はルチャも人気があったんですけど、その後、あんまり来なくなっちゃいましたよね。ただ、テレビの『世界のプロレス』でときどきルチャ特集をやっていて、そこでハマっちゃったんですよ。
――なるほど。
カズ　そういえば、ボクが中学2年くらいのときに新宿のアイドールに行ったら、近くでたまたま『光る女』の撮影をやっていたんですよ（笑）。そのときに「うわー、武藤だー！」と思って。
――偶然、映画『光る女』の撮影に遭遇！　おそらく山男が東京に出てきたシーンですね（笑）。
カズ　そうそう！　新宿歌舞伎町で撮影をやっていたんですよ。それで夕方くらいまで撮影を見てたのかな。そのとき撮ってもらったのが武藤さんとの初めてのツーショット写真ですね（笑）。
――山男姿の武藤さんと（笑）。
カズ　ヒゲもモサモサで（笑）。
――カズ選手がその後、ユニバの入門テストを受けたのは、マスク好きというのもあったんですか？
カズ　それはあまり関係なかったかな。高校卒業したらメキシコに行こうと思っていたんだけど、高校3年の12月にユニバーサルのオーディションがあるのを知って。そこで受けたのがボクとＴＡＫＡ（みちのく）ちゃん、ヨネ原人とかで。
――高校卒業後に入門して、その年の11月にデビューでしたね。
――ユニバだと2期生ぐらいになるんですか？
カズ　たぶん、ちゃんとしたオーディションは初めてだったと思いますよ。あのときすでに邪道さん、外道さん、デルフィンさん、サスケさん、ディック東郷さんがいたんですけど。みなさん、ユニバーサルに集まってきたっていう感じだったと思うんで。
――新崎人生さんは同期ではないんですか？
カズ　新崎さんはボクよりあとですけど、1～2カ月の差だと思います。
――当時、練習はどこでやられていたんですか？
カズ　全日本女子プロレスの道場を借りていたんですよ。
――そうだったんですね。ユニバと全女は協力関係でしたもんね。
カズ　ただリングが硬くてね。スプリングがなくて、まったく跳ねないんですよ。あの硬いリングだからこそ「受け身をしっかり取らなきゃ」っていう意識が凄く強くなったんで、そういう意味でもいい練習場所でしたね。

――当時、プロレスを教えてくれたのはユニバの先輩方ですか？

カズ　はい。スタートは邪道さん、外道さん、サスケさん、東郷さんで、そのあとはほとんど東郷さんとやっていましたね。

――先輩方はみなさんうまい人ばかりで。

カズ　ありがたいことにスタートから硬いリングといい先輩に恵まれたなっていうのはありますね。

――そして「獅龍」としてマスクマンでデビューするわけですけど、あのキャラクターはご自身で考えたんですか？

カズ　いや、名前もマスクも新間寿恒代表ですね。でもうれしかったです。「やった！　マスクマンになれるよ〜」って感じで。マスクマンになるのが夢でしたから。

――いまでこそいくらでもいますけど、当時、名もない新人がマスクマンでデビューするってなかったですよね？

カズ　みんな最初は覆面なしでデビューするのが当たり前でしたね。

――サスケさんもデルフィンさんも最初は素顔ですもんね。だからカズさんの世代が最初ですよ。

カズ　ボクは「デビュー戦からマスクが被れる」って凄くうれしかったですね。マスクマンの正体ってマニアにはわかっちゃうもんじゃないですか？「新人だったアイツだよ」みたいに。でもボクは最初からマスクマンだから「これ、ずっとミステリアスなままだな」って（笑）。

――カズさんと同時期にデビューした新崎人生さんも、デビュー戦は「モンゴリアン勇牙」でしたよね。

カズ　あとはバッファロー張飛と3人マスクマンデビューだったんですよ。張飛さんは辞めちゃいましたけど。

「新日本や全日本という確固たるものがある中で、ボクたちが新しいことを始めて認められたのは凄くうれしかった」

――でもいきなりマスクマンだと、学生プロレスチックに見られたりもしたんじゃないですか？

カズ　当時、実際に「学生プロレス問題」っていうのがあったんですよ。歳は5歳上の同期だったMen'sテイオーさんが学生プロレスあがりで。

――学生プロレス時代から有名でしたよね。テレビにも出ていて。

カズ　それで学生プロレスのときと同じキャラクターでプロのリングに上がったんですよ。さすがに名前は「テリー・ファック」から「テリー・ボーイ」にしましたけど、それで余計に言われましたね。ボクは直接言われるっていうことはないけど、世間的にはそういうふうな目で見られるだろうなっていうのはありました。それに対するアレルギーも凄くて。

――当時はインディーに対する風当たりもまだ強かった時代ですもんね。レスラーもファンも差別するという（笑）。

カズ　そうそう。ファンも差別してましたよね。もともとプロレス＝道場じゃないですか。それが日本のルールであり、やり方だったので。当時はなかなか認められなかったんですよね。とはいえ、日本以外だと全世界みんなスクール生なんですよ。

――そうですよね。団体が新弟子を取るわけじゃなく。

カズ　でも日本の道場で勝ち上がってきた人間が強いのもたしかです。ふるいにかけられながら生き残った人たちなので、ファンが応援したくなる気持ちもわかる。でもそうじゃない自分は、それに対する反骨精神が凄く強かったですね。

――がんばっても色眼鏡で見られてしまって。

カズ　そうですね。色眼鏡で見られて当たり前のスタート、マイナスの状態からリングに上がっていたので、試合でインパクトを与えていくっていうことを常に自分もやろうとしてました。

――ユニバには一流のルチャドールが毎シリーズ来ていたじゃないですか。その選手たちとの交流はあったんですか？

カズ　ボクと愚乱・浪花がいちばん下だったんですけど、試合前のリング上でケンドーだったり、ビジャノスだったり、ああいうスペルエストレージャ（スーパースター）に「練習を教えてくれ」ってお願いして、いつも教えてもらっていましたね。

――それは素晴らしい経験ですね！

カズ　ホントありがたかったですね。みんなやさしく協力的にやってくれたんですよ。

――その後、ユニバからサスケさん以下若手選手みんなでみちのくに移るときは、どんな感じだったんですか？

カズ　ボクはデビューして数カ月だったんで、どうなってるのか全然わからなかったです。未払いとかもあったみたいですけど、まだデビューしたばかりだったのでボク自身はそんなに不満もなかったんですよ。でも一緒にやってきた先輩がみんな行くので、やっぱりついていきますよね。

――それでカズさんも岩手に引っ越したんですか？

カズ　いや、東京組と盛岡組に分かれていたんですよ。ボクは東京組だったので、普段は全女さんの道場で練習させてもらって、シリーズが始まると東北に行く感じで。盛岡組は試合と練習以外にポスター貼りや営業など、フロント社員の仕事も兼ねるような感じでした。

――そして、みちのくプロレスは予想以上の成功を収めて、全国にその名が広まりましたよね。

カズ　そこらへんは新日本プロレスさんと絡んだおかげかなっ

っていう。『スーパーJカップ』でサスケさんが、他団体のファンにも認められる試合をやってくれたからですよね。そしてボクらは若い選手だけだったので、とにかく速く動いてガンガンやっていたので、それが新鮮というかインパクトがあったんだと思います。

――みちプロによって、いわゆる「ジャパニーズルチャ」ができあがったじゃないですか。そして現在の日本のプロレスって、大ざっぱに言うとみんなジャパニーズルチャですよね。

カズ　そうだと思います。

――あの頃、ほぼ無名だったみちのくの選手たちが始めたスタイルがここまで主流になるって凄いことですよね。

カズ　言われてみるとそうですよね。それまでの日本のプロレスとは全然違いましたもんね。

――新日本はストロングスタイル、全日本は四天王プロレスが全盛でしたから。

カズ　そういう確固たるものがある中で、ボクたちが新しいことを始めて認められたのは凄くうれしかったし、やり甲斐もありましたね。

――そしていまや日本の主流となったジャパニーズルチャが、アメリカのWWEやAEWにも影響を与えているという。

カズ　凄いな、サスケさん（笑）。

「WCWはウルティモさんがトライアウトの相手をしてくれて、次の日の生中継でデビューをさせてもらったんです」

――そしてカズさんは海援隊☆DXで活躍したあと、みちプロを離脱してメキシコに行くわけですけど、その理由はなんだったんですか？

カズ　理由はぶっちゃけいろんな人間関係ですね。それで「メキシコに行って本場のルチャをやって、ダメだったらそこで辞めよう」って。そこまで追い込まれていたんですよ。まあ、こっちも若かったんでいろいろ衝突があったんですね（笑）。

――メキシコにツテはあったんですか？

カズ　ツテはなかったんですけど、向こうにはユニバーサルやみちのくに来ていた選手がいるので、誰かと会えるだろうって感じで行ったんですよ。スペイン語も少しはしゃべれるようになっていたので、まあなんとかなるかなって（笑）。それで向こうに行って1～2カ月くらいして、幸運にも「ジムに住みながら練習したらいい」って言ってもらえて、それでジムに転がり込んだんで。

――それはどこのジムだったんですか？

カズ　プロモ・アステカっていう、当時の新興団体ですね。シコレイ・ミステリオ、フービー（フベントゥ・ゲレーラ）、シコシス、コナンとかスーパースターがいっぱいいたんですよ。そこのジムで自分は普通の練習生として住み込みで朝晩2回練習していましたね。

——当時、メキシコにはほかに日本人レスラーはいたんですか？

カズ　ゴクウさんがいましたね。あと闘龍門も1期生がいたはずですけど、住んでいるところもカンパニーも違うので、会場で会うこともなかったんですよ。

——同時期に同じ国にいたってだけなんですね。でもたったひとりで練習生扱いでメキシコ修行っていうのは、相当大変だったと思うんですけど。

カズ　メキシコ時代の話をすると、よくそうやって言われるんですけど、当時は大変だとかそんなに感じなかったんだよなあ。たしかに全財産を持っていかれたりとかはありましたけど。

——それ、相当大変な話じゃないですか（笑）。

カズ　それでもなんとかなったし。あとはあまりにもひどい下痢になって脱水症状を起こして、ほぼ意識がない中、ホテルの人が救急車を呼んでくれたこともありましたけど。最終的には水道の水も飲めるぐらいにはなったし。強くなりましたよね（笑）。

——まさに昔のメキシコ修行ですね（笑）。

カズ　だから苦労はもちろんしたんでしょうけど、まだ若かったから苦労を苦労と思わなかったのか、毎日が必死だったんでしょうね。

——あらためてルチャを本格的に身につけるという思いもあったし。

カズ　それでジムに住み込んでからはルチャ三昧で、ホントに基礎からやらせてもらったので、いい練習ができたと思いますね。選手になってからあらためて基礎を学ぶって、地道な作業だし、大変だし、みんなが嫌がるところじゃないですか。でもあそこでしっかり基礎を学べたことが、その後の自分のベースになって本当に役に立ちましたね。

——メキシコでは試合にも出ていたんですよね？

カズ　出てましたね。プロモ・アステカはティービー・アステカっていうテレビ局が持っているプロレス団体だったんですよ。それで毎週土曜日にテレビマッチに出ることができて。ただ、そのわりにはボクのギャラが安くて、みんなに「そのギャラはおかしい」「絶対に抜かれてるよ」って言われたんですけど（笑）。

——そんなギャラ中抜き疑惑がありましたか（笑）。

カズ　でも自分にとっては修行期間だったし、そこでレイやフービーとも知り合うことができた。またウルティモ・ドラゴンさんに紹介していただいて、次のアメリカに行けるきっかけにもなりましたからね。

——カズさんがＷＣＷに参戦したのは、ウルティモさんの紹介だったんですか？

カズ　ＷＣＷのクルーザー級が充実していた時代だったんで、「あの人たちとやってみたい」という話をしたら、ウルティモさんがサニー（・オノオ）さんを紹介してくれて。サクラメントでのＰＰＶのダークマッチで、ウルティモさんがボクのトライアウトの相手をしてくれて。そこで評価されて「アメリカに住むんだったら契約してあげるよ」って言われたんですよ。それで次の日の生中継でＷＣＷデビューをさせてもらって。ウルティモさんには本当にお世話になりましたね。

——当時はＷＣＷのクルーザー級はクリス・ベノワやエディ・ゲレロがいた時代ですか？

カズ　そうです。クリスとエディがまだヘビー級のトップ戦線に行く前で、レイ・ミステリオもいたし、ウルティモさんもいて凄く充実していたときで。なんとしてもそこに入りたくてウルティモさんにお願いしたんです。入れてうれしかったですね。

「タイトルマッチもあれば、廊下を通行人として歩いていてスコット・スタイナーに殴られて終わりみたいなこともやった」

——大物揃いのＷＣＷの中でも「クルーザー級がいちばんおもしろい」と言われてましたもんね。

カズ　試合自体は凄かったですね。アメリカっていうよりも日本っぽい感じもしましたし、好きでしたね。

——新日ジュニア黄金期のトップがみんないる感じで。

カズ　ボクが行く前には、大谷（晋二郎）さんもＷＣＷに行っていたみたいだし、あとは永田（裕志）さんが来ていて、ボクがアメリカに住むとき、永田さんがお世話をしてくれたんですよ。当時、永田さんがＵＳＡ大山カラテの先生とふたりでシェアハウスに住んでいて、ボクもそこに入れてもらって３人で暮らしてましたから。

——ＷＣＷの内部を実際に目撃してどうでしたか？

カズ　とにかく「いったい何人いるんだ？」っていうくらい選手層が厚いんですよ。いちばん多いときで３００人近くいたんで、使われない選手もいっぱいいたんですよ。

——契約しているのに出番がない人がたくさんいたんですね。

カズ　ストーリーに入れないと休みになっちゃうんで。あとは舞台が凄いですよね。会場に行くと、テレビ会社の制作スタッフが凄い数いて、プロレスの舞台じゃない感じですね。

——ユニバーサル・スタジオの中でやったりしていたんですよね？

カズ　テレビ撮りをそこでやってましたね。あれもいま考えたら凄いよなあ。だってユニバーサル・スタジオのアトラクションとしてプロレスがあったんですよ（笑）。

――それこそ日本に置き換えたら、新日本のテレビ放送を毎週USJの中でやっているような感じで（笑）。

カズ　あれはカルチャーショックでした。バラエティ番組の公開放送とかと同じで、生放送開始前には煽りの人がいて、お客さんをワーッと盛り上げたところで放送開始なんですよ。

――前説芸人みたいな人が用意されていたんですね（笑）。

カズ　なんか、着ぐるみを着て前説をやっていましたよ。「はい、拍手～！」みたいな（笑）。

カズ　それをやってから第1試合が始まって、6～7試合収録したらお客さんを入れ替えるんですよ。それで「はい、第二部始まりまーす」って、また6～7試合やって、それをテレビテーピングで溜めておいて土曜の夕方に流していたんです。日本とはだいぶ違いますよね（笑）。

――ハリウッド制作のTVショーみたいな感じですかね（笑）。

カズ　もちろんいちばん大事なのは月曜日のマンデー・ナイトロで、それと木曜日にサンダー、土曜日のテーピングがあるんですけど。土曜のテーピングに関してはメインストーリーというよりもレスラー紹介的な感じで、いろんな選手がチャンスを与えてもらってやっていましたね。

――カズさんも最初はそっちに出ていたわけですか？

カズ　そっちにも出ていましたし、ナイトロ、サンダーにもずっと出させてもらっていましたね。タイトルマッチもありましたし、それこそ廊下を通行人として歩いていてスコット・スタイナーに殴られて終わりみたいなこともあったりとか（笑）。

――クルーザー級の最前線から、スキットのちょい役まで、なんでもやっていたわけですね（笑）。

カズ　はい、いろんな経験をさせてもらいました。

――当時のアメリカプロレス界は、WCWとWWEの「月曜テレビ戦争」の時代ですよね。それを現地で体感しているっていうのも凄いですね。

カズ　そうなんですよね。やっぱり大きな団体がふたつあるとお互いに意識し合うので、バチバチで凄かったですね。あそこにいられたのは自分でも凄い経験をしたなと思います。

――nWoがいて、そのあとゴールドバーグが出てきてっていう時代ですよね。

カズ　ボクがWCWにいたのは、ちょうどゴールドバーグが凄かったときですね。

「全日本は武藤さんから『俺が社長をやるから一緒にやらないか？』みたいな感じだった気がしますね。それでWWEとの契約をクリアにして」

――カズさんは、いいときのWCWを知る一方、おかしくなっていく様も見ていたわけですよね？
カズ　ゴタゴタしていたのは、テレビ局の上の人たちと一部のトップレスラーだったので、ボク自身は何が起こっているのか正直わかりませんでしたね。
――「上のほうでなんかモメてるな」って感じで。
カズ　ただ、ボクらにも被害はありましたよ。毎週ナイトロやサンダーに呼ばれていたのに、急に呼ばれなくなって1カ月も何も試合がなかったときがあったり。
――派閥の関係みたいなことでですか？
カズ　そうですね。
――カズさんは何派だったんですか？
カズ　ボクはエリック（・ビショフ）さんですね。エリックさんの空手の先生がサニーさんで、サニーさんと仲良くしていただいたので、エリックさんにもかわいがっていただいていたっていう。まあ、ボクとウルティモさんとサニーさんが一緒にいるとエリックさんがそこに来るので、だんだんとコミュニケーションが深まってきて。
――じゃあ、エリック・ビショフ政権のときはよかったけど、そこにビンス・ルッソーが現れてから立場が微妙になったわけですか。
カズ　まさにそこで干されましたね。
――そしてWCWはある日突然、WWEに買収されてしまうわけですけど。あれは所属選手にとってはホントに青天の霹靂みたいな感じだったんですか？
カズ　ほぼ、そんな感じだったんじゃないですかね。その頃、もうサニーさんもいなかったからボクは情報に疎かったので、もしかしたら知っている選手もいたのかもしれないけど。
――あのとき、WCWの多くのレスラーがリリース（契約解除）されましたけど、カズさんはWWEと新たに契約を結んだんですよね？
カズ　2年か3年の契約を結びましたね。
――それはクルーザー級要員としてですか？
カズ　おそらくそういう試合を望まれていたと思うんですけど、そのとき「とりあえずWWEのファームで練習しながら待ってて」っていうのがあって、その期間が半年以上続いたんですよ。
――契約をしたものの出番がなかなか訪れなかったと。
カズ　あとはWCWというアメリカのメジャー団体で、レイ、フービー、クリス、エディ、みんなとやって活躍するという夢がもう叶っていたんで、また日本で試合をしたいと思い始めてたんですよね。
――そんなタイミングで武藤さんから「全日本に来ないか？」という話が来たわけですか。
カズ　そうですね。そこで声がかかる2年くらい前に武藤さ

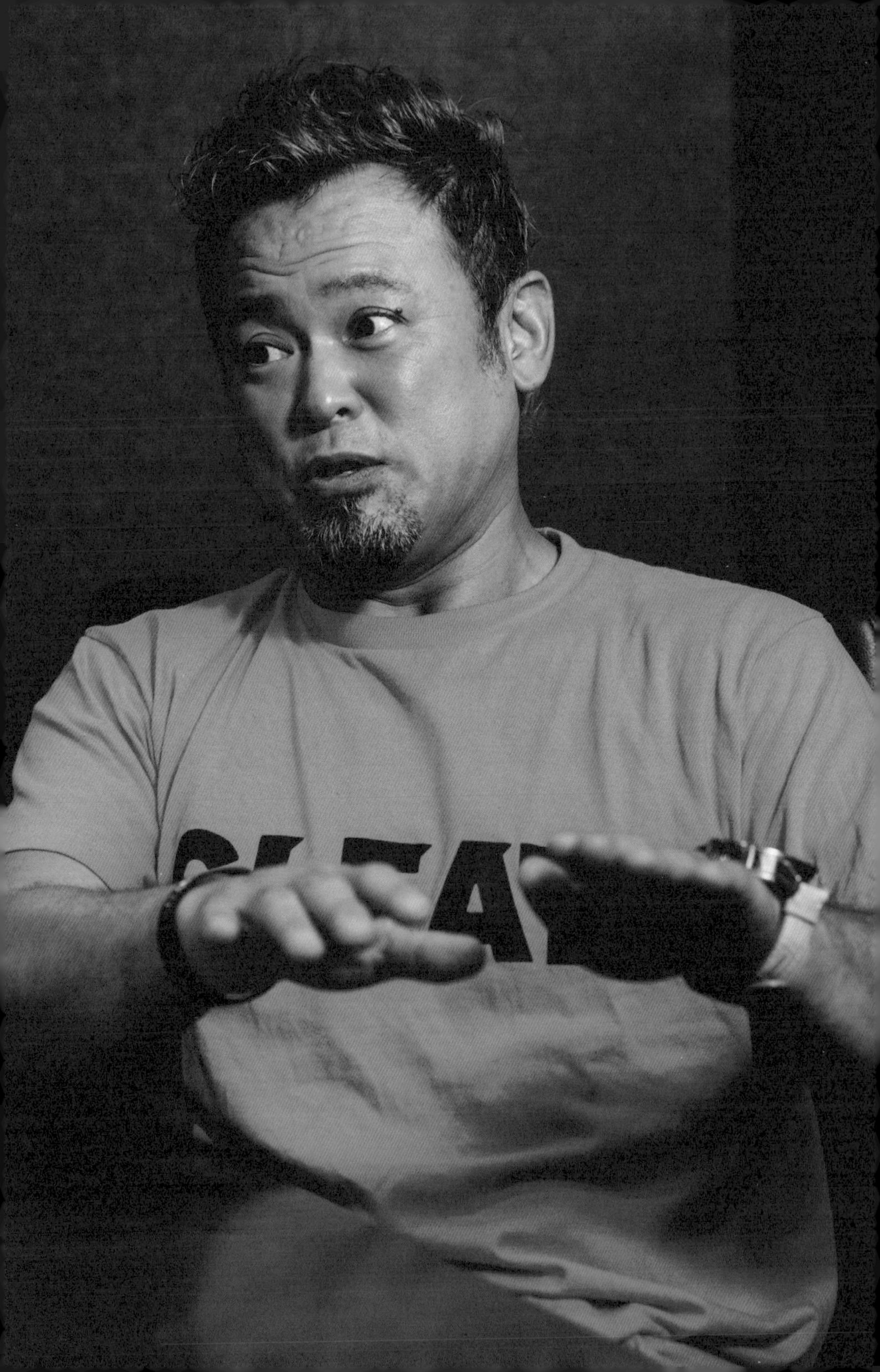

んがアメリカにいて、半年くらい一緒だったんですよ。

——武藤さんが末期のWCWと契約していたときですね。

カズ そこで知り合って、武藤さんは帰国して1年後くらいに新日本を辞めて、全日本に移ったわけですよね。

——武藤さんからは「新しい全日本の最初のレスラーとしてぜひ来てくれ」と。

カズ 「俺が社長をやるから一緒にやらないか?」みたいな感じだったような気がしますね。そしてWWEとの契約がクリアになって、全日本に行きましたね。


「ハッスルではプロレスラーとして、プロレスラー相手の試合をやらせてもらえたんで、そんなの盛り上がるに決まってるじゃないですか」


——そして日本に戻ると、WCWやWWEと環境がだいぶ違うじゃないですか。武藤さんも新日本と全日本の文化の違いにいろいろ苦労されていたみたいですけど、カズさんはどうでしたか?

カズ 入った当初はやっぱり凄かったですよ。天龍(源一郎)さんがいて、川田(利明)さんがいて、外国人もマイク・バートン、ジョニー・スミスがいて、もろに〝全日本プロレス〟っていう感じの中で武藤さんが新しいボスになった感じだったんですけど。当時の全日本はジュニアがそんなに確立されていなくて、ボクも武藤さんとタッグを組ませていただいたり、ヘビー級の中でやることが多かったですね。

——〝武藤組〟としての役割が大きかったと。

カズ だからついていくのに必死でしたよ。特に天龍さんや川田さんを相手にしたときなんかはね、「これは厳しいところに帰ってきたな……」って(笑)。

——デカいし、当たりはキツいし(笑)。

カズ やっぱり一発一発が重いんですよね。そういうところで揉まれて、いまとなっては自分の大きな財産ですよね。

——武藤全日本はハッスルとも絡んでいましたけど、ハッスルはどうでしたか?

カズ ハッスルはボクにとっては凄くおいしかったんですよ。ほかの人たちは、プロレスラーにプロレス以外のことをやらせていたので、やっぱり見ていて違和感が出たりとかあったと思うんですよね。でもボクの出番はプロレスラーとして、プロレスラー相手の試合をやらせてもらえたんで、そんなの盛り上がるに決まってるじゃないですか。

——上のほうに出る選手は、スキットとか芸能人と絡んだりする役割が大きかったですけど、カズさんは前半でちゃんと動きのいいプロレスを見せておこうっていうカテゴリーに入っていたわけですね。
カズ　そう。マスクを被って自分とは違うキャラクターになるわけでもなかったし（笑）。
――ハッスルに出てはいたけど、ハッスル的なことはやっていないってことですね（笑）。
カズ　やっていなかったですね。たぶん、ボクにそれを求めてもできないと思われていたのかもしれないですけど（笑）。
――当時は天龍さんや川田さんもあの世界にどっぷりだったじゃないですか。ハッスルでトップ選手がああいう方向に振り切ったことによって、日本のメジャー系でもエンターテインメント的なことがなし崩し的に認められるようになった気もするんですけど（笑）。
カズ　あれはハッスルのせいなんですかね？　ボクはそこがちょっとわからないんですよ。だって新日本でも全日本でも乱入は昔からあったし、カブキさんにしてもタイガーマスクにしても作り込んだキャラクターですけど、それにボクも心をときめかせてましたからね。いまと昔でファンの人の見方って変わってるんですかね？
――90年代は全日本が四天王プロレスを極めていて、新日本はストロングスタイルから総合格闘技に絡み始めたので、あの時代がむしろ特殊だったのかもしれないですけどね。
カズ　そうですね。四天王プロレスが全日本プロレスのすべてかというと、そうじゃない気もするし。90年代もボクらみちのくプロレスを含めて、いろんなプロレスがありましたからね。
――90年代はUWF系も観て、ルチャも観て、みたいなのが普通でしたからね。W★INGも一緒に行くみたいな（笑）。
カズ　全然スタイルが違っても、おもしろかったから観に行っちゃうんですよね。
――だからGLEATはリデットUWFと純プロレスのGプロレスリングの両方を同時進行でやっていますけど、90年代を考えたら普通ですよね（笑）。
カズ　たしかにそうですね（笑）。だってGLEATはメンバーを見ても、出身はジャパニーズルチャ系じゃないですか。それを田村（潔司）さんを中心としたUがあって。
――リデットUWFにも出ている伊藤貴則選手や渡辺壮馬選手は、もともとカズさんの教え子にあたる人たちですよね。
カズ　彼らはW－1がやっていたプロレス学校（プロレス総合学院）出身なので、教え子といえば教え子なんですけど、学校制度だったんで教員がボク以外にも何人もいたんですよ。いま思えば、ひとりの教員がそれぞれの生徒を細かい部分まで見て教えていったほうがよかったかなって。

「ボクの知らないグラウンドの技術を田村さんに教えてもらえるというのは新鮮ですし、プロレスラーにとって必要なことだと思う」

――あのとき、カズさんは校長的な立場だったんですか？

カズ　いや、ボクはいち教員です。校長は武藤さんですね。武藤さんが教えに来ることはないですけど（笑）。

――理事長ですね（笑）。

カズ　ボクは月曜担当とかそんな感じでした。

――ほかにはどんな方が教えられてたんですか？

カズ　近ちゃん（近藤修司）とか、あとは河野（真幸）。それと若い選手たちも教えていたと思いますよ。ひとりのコーチがちゃんと継続して見るようになったのはGLEATからですね。だから伊藤や渡辺との関係も、以前と比べてより濃くなりましたよ。

――いまはマンツーマンに近いような関係ということですね。

カズ　そうですね。W－1時代はもしかしたら彼らもボクのことを何人かいる先生のひとりだと思っていたかもしれないですし。若いコはいろんな人に別々のアドバイスをされると迷っちゃうんで。それで基本的にレスラーってみんな教えたがるじゃないですか。

――いっちょ噛みで自分のやり方を教える、〝臨時講師〟が増えちゃうわけですね（笑）。

カズ　そうなんですよ。だからGLEATではそこらへんもシャットダウンさせて、ボクも腰を据えて教えているんで、いまは理想的な形になってきていますね。そしてUWFに関しては、田村さんのところでしっかり練習できるので。

――プロレスは日本、メキシコ、アメリカで学んできたカズさんで、UWFは田村さんというエキスパートの指導が受けられるって素晴らしい環境だと思いますよ。そしてプロレスの先生であるカズさんも、田村さんのところでUの練習もされているわけですか？

カズ　もちろんそうですね。ボクの練習生時代はルチャだけじゃなくて、受け身やウェイトトレーニングもやれば、極めっこも全部やっていたんですよ。そこからそれぞれのスタイルによって必要な練習が変わっていくわけですけど、あらためてボクの知らないグラウンドの技術を田村さんに教えてもらえるというのは新鮮ですし、プロレスラーにとって必要なことだなと思いながらやらせてもらってますね。

――じゃあ、登戸まで行って田村教室に参加されているんですね。

カズ　行ってますよ。やっぱりそういう練習ができる環境があるなら、やりたくなっちゃうんですよね。スタイルは違えど、プロレスラーになるっていうのは強くなりたくてこの世界に入ってきているわけじゃないですか。だからそこをちゃんとやらせてもらえるのはうれしいですよね。

——あと、カズ選手にはGLEATのプロレス部門を発展させていくという使命がありますけど、いま団体が凄くいい雰囲気ですよね。

カズ　いいですね。やっぱり若い選手が多いっていうのもあって。

——トップにカズさんがいて、田中稔選手がいて、CIMA選手がいて、若い選手もたくさんいると。

カズ　そして団体自体を（リデットエンターテインメント社の）鈴木裕之社長がちゃんといい方向に導いてくれていますから。

——リデット社自体が、プロレス事業に対してやる気に満ちてる印象があります。

カズ　社長とは何回か話されてますか？

——半年くらい前にインタビューさせてもらいました。

カズ　であればわかると思いますけど、〝プロレス村〟というものがあるとしたら、社長は考え方から何からほかとは全然違うじゃないですか。そしてプロレスラーに対する扱いもちゃんとしていただいてるし、凄くいい団体だなって思いますよ。

——団体オーナーとしては理想的ですよね。運営スタッフもSNSとかYouTube動画などで、事細かに情報を発信していて。

カズ　自分の所属団体ながら凄いと思います。こういういい環境を与えてもらっているからこそ、身体作りやプロレス頭も含めて、スキルをどんどん上げていこうと思いますね。

——カズさんはGLEATという団体を今後どのようにしていきたいですか？

カズ　ボクがこれまでいろいろ携わらせていただいた中で、こういう団体がなかったので。……なんて言えばいいんだろうな、それにふさわしい言葉が出てこないですね。

——GLEATって、これまでのプロレスと大きく違うわけではないんだけど、いろんなアプローチの仕方が独特で、団体のデザインの仕方が新しく感じます。

カズ　まさにそういうことですね。ボクのボキャブラリーが足りなくてうまく言えなかったけど（笑）。なのでボクの理想は、初めてやる会場でも「あっ、これ、GLEATっぽいよね」って思われるような試合をやっていきたいですね。斬新なのに、いろんな人が観てもおもしろいものを作り上げていこうと思いますよ。

——では今後とも目一杯、GLEATしていってください！

カズ・ハヤシ (KAZ HAYASHI)
1973年5月18日生まれ、東京都世田谷区出身。プロレスラー。GLEAT最高技術顧問。
1992年11月19日、ユニバーサル・プロレスリングでマスクマン「獅龍」としてテリー・ボーイとタッグを組み、モンゴリアン勇牙&バッファロー張飛組戦でデビュー。1993年1月、みちのくプロレスに移籍。並外れた身体能力を武器に新日本プロレス参戦時も人気を博す。1997年3月、みちのくプロレスを退団してメキシコ遠征に出発する。1998年2月23日、サクラメント大会よりWCWに出場。同年マスクを脱ぎリングネームを「カズ・ハヤシ」に改名する。2001年、WCW崩壊後にWWF(現WWE)と契約してHWAでトレーニングを積んでいたが、翌2002年にWWFを退団して全日本プロレスに入団。武藤敬司が信頼するレスラーとして活躍する。2013年6月に全日本を退団、7月に旗揚げしたWRESTLE-1に入団を発表。のちに取締役社長に就任するがWRESTLE-1活動停止に伴い、2020年5月よりリデットエンターテインメントの執行役員に就任。同社が設立したプロレス団体「GLEAT」の最高技術顧問にも就任している。

坂本一弘

馬乗りゴリラビルジャーニー（仮）

第13回
「中村倫也デビューで想うこと」

構成：井上崇宏

（さかもと・かずひろ）
1969年3月4日生まれ、大阪府大阪市出身。
修斗プロデューサー/株式会社サステイン代表。

――7月25日に修斗の後楽園ホール大会で、中村倫也選手が左ハイ一閃で衝撃のプロデビューを果たしたことは、さすがにこのページでスルーできないニュースですよね。中村選手のお父様は故・中村晃三氏、修斗の黎明期を支えてくださった龍車グループの社長で。

坂本　そうですね。今回、中村倫也選手がプロデビューの舞台として修斗に上がってくれたことは、我々が恩返ししたくてもできない人たちに、少なからず恩返しすることできるということですよね。すべての人に恩を全部返すことなんてできないじゃないですか？　佐山先生に対しても然りで、先生が修斗のためにやってくださったことに対する全部の恩返しはできないけど、たとえば佐山道場の選手が修斗に出てくれる、中村晃三社長のお子さんが修斗に出てくれるっていうことで、何かしらの恩返しができるということがやっぱりいちばんですよね。そして、そういう恩返しの機会を、たとえばＥＸＦＩＧＨＴ（ＬＤＨ ｍａｒｔｉａｌ ａｒｔｓ）の高谷裕之代表とか、ＡＢＥＭＡの北野（雄司）さんといった人たちが協力してくれたってことがボクにとってはうれしいことなんですよね。そして修斗を、恩返しする機会の場として留められていたということじゃないでしょうか。そういうものも含めて感謝です。……これ、俺、死ぬんじゃないかな？（笑）。

――死にはしないですけど、「そりゃ歳も取るわな」って思いますよね（笑）。修斗の恩人の息子が、修斗で闘うんですからね。

坂本　そうですよね。ただ、ひとつの仕事をやめるとき、たたむときっていうのは、絶望感か達成感しかないじゃないですか？　達成してやめるのか、絶望してやめるのか。ボクの場合はだんだんとなんか達成感のほうへ向かっているので、ちょっと自分で自分のことが気になったというか（笑）。

――でもトピックとしてはそれくらいの話ですよね。

坂本　佐山先生と再会することができて、佐山道場の選手が試合してくれて、そして晃三社長の息子さんが修斗に上がってくれ

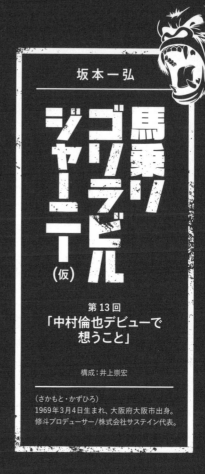

て。「これ以上のことって何かあるのかな？」っていう。

——坂本一弘史で考えるとそうですよね。

坂本　ボクが18からやり始めた修斗の物語が、だんだん完結に向かっていっているのかなって……（笑）。

——坂本・ザ・ファイナル!!（笑）。

坂本　まあでも、感覚的にホントにそうじゃないですかね。ボクが現役を辞めたときってある種の絶望感があったけど、今回のことって「これが達成感じゃないかな」っていう気がしてきますよね。まあ、これから何かに絶望する日が来るのかもしれないですけど。

——それは本当にわからないですよね。これから先、何があるか。

坂本　だから、そうやって少しでも恩返しすることができるという幸せはやっぱり感じますよね。やっていてよかったな、踏ん張って続けてきてよかったなって。世の中にはいろいろ言うヤツがいるけど、「やっぱりよかったな」と思えますよね。

——ちょっといい酒が飲めそうですもんね。

坂本　ねえ。試合の2日前かな。手を合わせに倫也くんの実家に行ってきたんですよ。試合前にやっておかなきゃいけない儀式というか、お仏壇に手を合わせに行ったんです。

——やっぱり坂本さんは節目、節目でちゃんとしていますよね。心の中で手を合わせるだけでいいかなって、ボクなら思っちゃうかもしれないです。

坂本　当たり前とは何かというのは人それぞれだと思うんですけど、やっぱり感謝しているんですよ。晃三社長がいないといまの修斗はないし、いまのボクもないし。ここまで自分の力だけでやってきたなんて到底思えないし、そういう方たちがいて、たとえお亡くなりになられても息子さんが立派になって、格闘家としてまた修斗のリングに上がることを選んでくれているわけですからね。晃三社長もどこかで見てくれていると思うんですよ。「坂本もがんばったんだな」って思ってくれているんじゃないかなっていう。やっぱりね、佐山先生から「いままでよく踏ん張ってくれたね」って言われるとうれしいんですよ。あまり褒められることがないじゃないですか？　それと褒められたい人も特にいないし。べつに人から褒められたいわけではないんだけど、先生からそういうふうに言われたらやっぱり凄くうれしいですよ。タラレバじゃないけど、あの日、晃三社長が会場にいて、ひとこと何か言ってくれたら自分もうれしかっただろうなって。晃三社長について想いを馳せると、一気に自分が23〜25歳の頃に戻るんですよね。それが佐山先生とお会いしたら18歳の頃の自分に戻るし。若造に戻っているんだから「坂本いいよー」って言ってくれたらやっぱりうれしいですよ。

——ああ、やっぱボクは坂本さんのことが好きっスねえ。

坂本　去年のいま頃からこの連載をやっていて、1年経ってやっとそこかよ（笑）。

——でもボクの友達なんかは『KAMINOGE』を読んで「坂本さんって井上さんのことがよくわかってるよねー」って言いますよ（笑）。

坂本　ホントですか？　いやね、いつも井上さんの明るさだったりとかを感じていて思うんだけど、その明るさってべつに無理してるわけではないんだろうけど、やっぱりどっか作っていたのが自然になっちゃってるというか、根っからそういうタイプでもないような気がするんですよ。それは経てきたものとか、食い物とか、生い立ちとかいろんなものを含めてそうなっている、あるいは生きていく上で必要なことだと気づいたっていうか。

――サバイバルの術なんですかね（笑）。ちょっと余談いいですか？

坂本　どうぞどうぞ。

――こないだ長州さんと会ってしゃべっていたんですけど、いま長州さんってずっと人気者で凄いじゃないですか。それで「長州さん、やっぱりその生き方はズルいと思います。40年以上も怖い人をやってきて、そのギャップでいまメシを食っていますよね。ズルいです」って言ったんですよ。

坂本　そんなこと言ったんだ。で、長州さんはなんて？

――「ズルいと言われたらたしかにズルいかもしれない。ただ俺の感覚では、鮭と一緒で、元の川に戻っているだけなんだよ」って言うんですよね。

坂本　あー、なるほどなあ。

――「川に戻る鮭と一緒ってことは、当然、身体は傷だらけでボロボロだよな。あとはいつ熊に喰われるかっていう危機感もあるよな」って。凄くないですか？

坂本　おもしろいですねー。やっぱりたとえが凄いですよね。噛ませ犬発言もそうだけど。「えっ、鮭ですか？」って、こっちももっと話が聞きたくなりますよね。それで最後には熊でオチがあるっていう。最高だよなあ。

――ボクも「やっぱりこの人は凄い感性だな」って思うじゃないですか。だけど「いつ熊に喰われるかっていう危機感もある」って言ったあとに「しかもアイツら、腹しか喰わねえしな」って。そこはボクも「あっ、それはよくわかんない」と思って（笑）。

坂本　いや、そうやって井上さんはいろんな人としゃべれて、いろんな人に合わせて、いろんなプロレスができるけど、〝俺のプロレス〟を本当にやっているのかなって思いますよね。

――えっ！　どういうことですか？

坂本　誰とでも合わせられるんだけど、本心で聞きたいことを聞いているのかな？とか。本当は「この野郎……」と思っていてもキチンと収めることができるタイプだと思いますね。そこをちゃんとできるしんどさって、よくわかるんですよ。

――ああ……。こんな穏やかな昼下がりになんてことを言い出すんですか（笑）。もちろん、いつも原稿には入れないですけど、坂本さんは会うとボクのことを毎回分析するじゃないですか。坂本さんにいろいろと言われて、別れたあとにモヤっとするときがありますよ。

坂本　そういうつもりはないんですけど、井上さんは器用なんですよね。だからみんなが井上さんに対していい印象があるし、話しやすい人だとは思うんだけど、それって聞き上手だからなんだよね。聞き上手だからいっぱい話を聞いてほしくなるんだけど、どこまで素直になって聞いているのかわかんないじゃない（笑）。

——アハハハハ！　これは苦言ですね!?　いやいや、全部ちゃんと聞いてますよ！（笑）。

坂本　だから聞き上手な人って受けのプロレスだから、誰とでもできるんですよ。だけどその井上さんが120パーセントの自分のプロレスをいつ出すのかっていうところなんですよね。

——大説教じゃないですか。

坂本　ボクも悪いところで井上さんに合わせて話しているかもしれないもんね。お互いがお互いに合わせて話しているところもあると思うんですよ。

——それはだって付き合っていくうちに相手の味覚とか嗜好がわかってきますもんね。

坂本　聞き上手ってすぐに話を脱線させちゃうし、でも脱線って凄く大事なんですよね。

——本当にそう思いますね。

坂本　まあ、それは置いておいて（笑）。どうなんだろ、さっきの手を合わせに行った話に戻るんだけど、井上さんはそういうところをわかってくれるところがボクは凄くうれしいなっていうのはありますよね。「それはそうだよね。大切なことだよね」って思ってくれることって大事だなと思うんだけど。

——心の中でいくら感謝をしていても、大会前だし、なかなか行動に移せないと思うんですよね。

坂本　そこってやっぱり本心から感謝するかどうかなんじゃないですか？　自分で自分のことを褒めたいとかはまったく思わないんだけど、やっぱり心の底から感謝している、晃三社長がいなかったら修斗はなかったって本当に思えるから。

——ご先祖様みたいなものですね。

坂本　本当にそうです。ご先祖様も一歩間違えたら曾祖父ちゃんとかは見たこともないし、手を合わせてって言ってもいまいちピンとこないかもしれないけど、近親のご先祖様ですよね。佐山先生もそうだし。続けてきたからこそできたことっていうことだし、その「継続」ってふたつあると思うんですよ。継続することがいちばんの恩返しであり、いちばんの復讐だと思うんですよね。

——復讐ってどういうことですか？

坂本　修斗に関わってきた人たち、みんな修斗が好きっていうのは間違いないと思うんですよ。好きだからこそ、いろいろ言う人だっているわけじゃないですか。そこで復讐っていうのは自分に対しての復讐なんですよ。いろんなことが起きて自分が弱っているとき、「俺はもうダメかな……」って思ったあのときの自分に対しての復讐。「でもやっていてよかったじゃん、こんなにハッピーなこともあるじゃない」って思えることってイコール、弱気になっていた自分への復讐なんですよね。

TARZAN by TARZAN
ターザン バイ ターザン

はたして定義王・ターザン山本!は、ターザン山本!を定義することができるのか?「俺たちはたしかに長く生きてきたから、いろんな体験、経験、挫折、全部を見てきたことで社会的な知恵が働いているわけですよ。でもそれらはすでに過去形なわけですよ。若者たちの未来形の埋蔵量と比べるとこれは同等なわけですよ。対等なんですよ!」

絵 五木田智央 聞き手 井上崇宏

第二十六章

ジェネレーションギャップ

「時代の変化に伴って、我々年配の連中が自分を変えていかなきゃいけないんですよ！」

――こんなことを言うのは失礼ですけど、山本さんってどんどん可愛げが増していますよね。

山本 ああ、俺はお茶目だからね。

――俺はお茶目（笑）。

山本 無邪気ですしね。あのね、俺がお茶目なのには理由があって、これはコミュニケーションとかジェネレーションに関係しているんよ。たとえば男同士の関係において、若者とジジイという年齢の差があるとしたら、そこで若者たちは徹底的に上下関係を嫌うんですよ。目上と目下、上司と部下、先輩と後輩、先生と生徒という形が持っている無言の圧力というか、支配力というか、強制力というか。そういうものに対する若い人たちの拒否反応というか、拒絶というか、あるいはウザいというか、それはもう徹底しているから。

――あるいはウザい（笑）。

山本 たとえば会社なんかでも、昔前の上司と部下の関係性だったら、上司が「おう、仕事が終わったから一杯飲みに行こうか」って言ったら無条件で部下は付き合うという無言のルールがあったんだけど、いまは「あっ、すみません。ボク、今日は別の用事がありますから」って簡単に拒否できるっていうさ。

――あるいはウザいと（笑）。

山本 その誘い自体がウザいと（笑）。そういう現代的な関係性がもう定着してしまっているので、いま年配の人たちはめちゃくちゃ挫折感を味わい、ショックを受けているわけですよ。「いままで自分が経験してきた上下関係の中で培ってきたキャリアとか、人格というものはいったいなんだったのか？」と。そういう戸惑いが50代以上の人たちにはあり、ある種、鬱に近い状態に陥っているというか。完全なる自信喪失ですよ！

――ボクはそういう会社組織に属していないから、よくわかんないですけど。

山本 わかりやすく言うと、新入社員たちですら自分が部下だという発想がそもそもないんですよ。すなわち先輩が上司という概念もないんですよ。彼らはどういう考え方をしてるかと言うと、「個としてコミュニケーションをとってください。たしかにグリーンボーイでキャリアは何もないけども、私は個ですから」っていうことで、仕事を教えてもらう立場でありながらも、上から目線で一方的に指導するのはやめてくださいねと。そういう言い分が彼らの中には定着しているんですよ。

――「あなたは教える人。私は教わる人。フラットにいきましょう」と。

山本　そうそう。若者たちはそれをナチュラルに主張しているわけですよ。だから上司たちも、自分が上の立場であるとかっていうのを極力見せてはいけない。

――上司だという素振りを見せてはいけない（笑）。

山本　会社という組織の中でそういう素振りは絶対に見せちゃダメ。たとえ役職があったとしても後輩たちと同じ土俵に立って、同じ目線でコミュニケーションをとらなければ、組織に発展性も創造性もないという考えが現代社会では浸透しているわけですよ。ただ、年配の人たちがこの変化を理解することはできないと思うよ。

――戸惑うのみと。まあ、長らく自分たちは自分たちのルールで生きてきたわけですからね。

山本　これまで培ってきた人生観というのがあって、それを拠り所とし、アイデンティティとしていたわけじゃないですか。でもそれが通用しなくなってきたということに対する大いなる戸惑いだよね。たしかに自分たちの経験則からすると、それが通用しなくなってきたので虚しいんだけど、これが時代の変化だと思って我々年配の連中が自分を変えていかなきゃいけないんですよ！

――山本さんはそう思うんですね。

山本　いや、そんなの、よく考えてみたらわかることなんですよ。俺たちはたしかに長く生きてきたから、いろんな体験、経験、挫折、全部を見てきたことで社会的な知恵が働いているわけですよ。若い人たちにはまだそれがないと。だから仕事をやらせてもたぶん我々の世代のほうができるだろうし、処理もできるわけだけど、でもね、よく考えてみたら俺たちが身につけてきたものはすでに過去形なわけですよ。既成概念なわけですよ。でも若い彼らは未来形なわけですよ。

「若者とコミュニケーションをとるためには、言葉とファッションの革命を自分の中で起こさないとダメなんよ」

――未完成だけど未来形。

山本　その部分で言うと、俺たちには過去形の価値観と実績はあるけれど、若者たちの未来形の埋蔵量と比べるとこれは同等なわけですよ。対等なんですよ！

――なるほどー！

山本　でも自分たちの経験を絶対化させてしまうと張本勲さんみたいにさ、女子ボクシングのことを「嫁入り前の女がなんで殴り合ってるんだ?」とかって切り捨ててしまう。そういう野暮なオヤジになるわけですよ！　いちばんダメなタイプだよね。でもだいたいはあのパターンじゃないですか。

――そうですね。表には出ないだけで世のおとっつぁんは大抵そうですよ。

山本　森喜朗さんだって「女性がいると会議が長くなる」って上から目線の男の論理で圧力をかけてくるわけじゃないですか。それをいまの若い人たちは完全に拒否するんだよね。でもね、年配の人たちが失言するのは当たり前なんですよ。その変化を認識していないんだから。その押しつけがましい発言がいかにしょっぱくて、ダサいかっていうことを本人たちはわかっていないわけですよ。これは悲劇ですよ！　ピエロですよ！

——そうなんだなー。

山本　だから年齢差がある場合においては、友人関係というのはもうありえないんですよ。たとえば俺はいま75歳だけど、20代や30代の人たちと仲間になったり友達になるっていうことは可能性としてほとんどゼロに近いわけですよ。年齢差があると男同士はプライベートでのお付き合いができないんよ。でもね、それをナシとしない、可能にしなきゃいけないわけですよ。そうしたときに発想の転換が求められるんだよね。

——おお。山本さんはすでにその方法を獲得しているわけですか。

山本　（急に小声になり）それは自分が若者になることですよ。

——若者に歩み寄ると？

山本　いやいや、向こうに歩み寄るとか、すり寄るっていうのは、もうすでに対等ではないんですよ。

——えっ、歩み寄らなくても近づく方法があるんですか？

山本　あるんですよ。それは己自身が若者化することなんですよ。

——どういう意味ですか。

山本　若者化するにはふたつの方法があるんですよ。まずひとつは言語感覚が達者であること。若者であるということは言葉が達者であるということだから。

——若いから、よく口が回ると。

山本　あともうひとつはファッションね。見た目が若いこと。俺みたいに派手なピンクとか赤とか暖色系のものを着るということね。靴にしろ、帽子にしろ、メガネにしろ、すべて派手にするっていうさ。

——聞いたら、意外とそんなことかと思っちゃいましたけど（笑）。

山本　いやいや、これってなかなかできないんですよ！（笑）。でもこれができないと若者たちとはコミュニケーションがとれませんよ。まずは言葉とファッションの革命を自分の中で起こさないとダメなんよ。

——山本さんの場合は、おしゃべりと派手な格好ってハナから好きなことじゃないですか（笑）。

山本　まあ、俺は地でやってるんだよねえ。いやいや、俺も7～8年前まではこれができなかったんですよ！　着てるものもずっと地味でダサかったわけですよ。

——いまはイケてると。当時、どんな革命が起きたんですか？

山本　とある競馬雑誌の副編集長の女性がさ、あるときに俺のことをコーディネートし始めたんですよ。「このブレザーを着てください」「この帽子を被ってください」「このスカーフを身に着けてください」「この靴を履いてください」っていう形でね。

「俺はこれからラッパーとしてデビューするんよ。家でデモテープを聴いて練習しなきゃいけないんだよ」

――ああ、いいですね。

山本　俺はそれらを身に着け始めた途端に、自分の中で「あっ、そうか。オシャレっておもしろいな！」という形で覚醒したんだよね！

――たしかにオシャレに興味がない人とか、よくわからない人って、突然スタイリングをしようとする女性の出現によって覚醒したりしますよね。

山本　俺のもとにも現れたわけですよ！　それでオシャレをすると自分自身も心地いいし、他者も楽しくなるし、みんながハッピーになるっていうことがわかったんよ。そこから俺はファッションをどんどん突き詰めていき、俺のまわりの人たちもその彼女に触発されて、俺のスタイリングをやり始めたんだよね！（笑）。だから見て、これ。いま着ているTシャツはくまのプーさんでしょ。

――はい。じつは今日プーさんにしか目がいってないです。

山本　下のこの短パンもオシャレでしょ。

――まあ、カリフォルニアのおじいちゃんですよね（笑）。

山本　そうそう。最近も派手なシューズを2足プレゼントされたんだけど、まだ履いていないんよね。（急に小声になり）あのね、知ってる？　シューズって大事なんですよ。靴のワンポイントの重要さっていうのがあるんよ。

――靴さえいいものを履いておけばあとはなんでもいいって言いますもんね。知らんけど（笑）。

山本　まあ、このようにですよ、若い人たちとお付き合いというか関わろうとするならば、まずは俺のように見た目を変えなきゃいけないってことですよ。ただ、日本人っていうのは地味系が好きだし、派手なことをやりたがらないから、街に出たって黒色と灰色ばかりじゃないですか。アメリカみたいにお花畑にはならないじゃないですか。

――シックなオシャレは無視してますね（笑）。

山本　そこにもう日本人の民族的な暗さがあるよねえ。そしてもうひとつはさっきも言った、脳内の言語感覚だよね。若者っていうのはあらゆるものに敏感だから、相手が話す言葉も聞きながらチェックしているわけですよ。だから言語感覚を鍛えないことには若者たちからは相手にされなくなるんだよね。特に女性を相手にした場合はね。

――向こうからすると自分にはない価値観を提示してくれる人というか。

山本　オシャレと言語。以上ですっ！

――以上ですか！　ありがとうございました！

山本　（また急に小声になり）だってさ、俺、今日もこのあと女性とデートするんよ。16時に恵比寿で待ち合わせしてるんよ。

――マジか。ちなみにその方はおいくつですか？

山本　なんと29歳ですよぉ。
——言葉と派手なだけで29歳と16時に恵比寿!?（笑）。
山本　パチパチパチ！（と、うれしそうに手を叩く）。明日はまた別の女性とも会うしね。こないだ俺、ラップの詞を書いたんよ。『南無阿弥陀仏の歌』っていうさ。
——南無阿弥陀仏の歌？
山本　そのラップの詞を俺が書いて、グノシーで発表したんよ。で、それに曲をつけてもらって俺が歌うんよ。で、今度CDを制作するんよ。
——マジですか。
山本　もう作曲もできていて、俺はデモテープを聴いて家で練習しなきゃいけないんだよ。だから俺はこれからラッパーとしてデビューするんよ。

「今後、年の差恋愛っていうのが流行ると思うんよね。俺らは絶対に需要があるわけですよ！」

——「ラッパーとしてデビューするんよ」って言われても。
山本　これから俺、次から次へとラップの詞を書いていこうと思っているんだよね。ラップってね、韻を踏めばいいんですよ。そんなのこっちは大得意ですよ！　コミュニケーションとかジェネレーション。
——あ、いま踏みましたね。
山本　（急に立ち上がって）すみません、余談でした。
——いえいえ。
山本　（ドカッと椅子に座り）まあ、だから年の差の話で言うとさ、べつに俺たちは男を相手にしなくてもいいわけですよ。じつは世代論ということになると「世代が違う女性と付き合えるかどうか」っていうのが最大のポイントになるわけですよ。それは男女関係として付き合うとかそういうんじゃなしに、女性と接触して楽しい時間を過ごせるかどうかっていうのが重要なんですよ。べつに男女関係になる必要はないし、男女関係を外したほうが世代を超えてそういう若い女の人たちとは楽しい時間を過ごせるんですよ。その実験場がキャバクラですよ！
——キャバクラ、好っきやなー。
山本　キャバクラというのは彼女たちにとってはワーク、仕事なんだけど、それだけじゃ彼女たちも退屈だから、おもしろい人間、楽しい人間を求めているわけじゃないですか。そこに隙間があるわけですよ！　その隙間にどうやって入っていくかっていうことで勝負するというか。だからジェネレーション超えをしようと思ったら、キャバクラで鍛えるべきなんよ！
——隙間を突くんだ。新日本とUWFの対立にしても「UWFは絶対にロープには飛びません」ってやっていたけど、「コーナーには走るんだな、コイツら……」っていうのはありましたもんね（笑）。
山本　そうそう！　そういう隙間探しですよ！（笑）。

——その隙間をどうやって見つけていくかということですね。これは世代がどうとか関係なく、うまく折り合いのつかない人との付き合い方ってそういうことですよね。

山本　だから物事を一般論で考えたら絶望的なわけですよ。物事にはかならず「例外」というものがあると考えないといけない。その例外なものに挑むためにこちらは相当な努力と、ある種センスを鍛えるということを自分でやっていかなきゃいけないわけですよ。それをやってるかどうかなんですよ！　だから俺は若い女のコにもまったく抵抗がないよ！（急に小声になり）だから俺は今後、年の差恋愛っていうのが流行ると思うんよね。やっぱり女性のほうが精神の成熟度が高いから、同年代の男では満足できないっていうことでさ、そこに俺らにはつけ入る隙があるわけですよ。

——やっぱり恋愛もする気マンマンやん（笑）。

山本　絶対に需要があるわけですよ！

「大仁田の電流爆破なんか正直行きたくないわけですよ。でもそこに女のコも来るから俺も行くんですよ」

——「ボクたちはちょうどいいですよ」と（笑）。

山本　そうそう（笑）。だけど、そのときの心構えがあるわけですよ。それは絶対に自分のことを過剰評価しないこと。そして自分が年老いていくことへの絶望感を認めることです。つまり素直になればいいんですよ。「もう受け身を取るしかない」という形になって、完全に自分からは欲望を前に出さない、ひたすら相手の話を聞いてあげる。自分を絶対に過信しちゃダメ、自分を押し売りしちゃダメ。自分は絶望的な存在であるのだから「女のコと出会えただけでも幸せなんです」と引き下がって相手を神棚に上げる。そして話をひたすら聞いてあげるんですよ。

——まったく対等の関係じゃないじゃないですか（笑）。

山本　そして絶対にアドバイスをしたらヤバいことになるからね。これね、アドバイスもしない。それでも、もし意見を求められたら、ちょろっとだけ言う。

——山本さんがいま言っているのは、理想の部下像ですよ（笑）。

山本　そこまでへりくだらないとダメなんよね。ドーンとへりくだって、とことん下まで落ちないと。

——そんな恋愛がこれから流行るかな（笑）。

山本　いや、だって俺は現実としてそれで成功してるんだよ。これはホントのことだよ？　そりゃ俺はモテるってことはないけど、たしかなニーズはあるからね。

——だって山本さんはおもしろいですからね。

山本　なんらかの形でニーズはあると。そこがひとつの大きなポイントだよね。だから今度、8月21日に大仁田厚が川崎球場で電流爆破をやるんよ。正直、俺はそんなのに行きたくないわけですよ。暑いしさ、どうでもいいわけですよ。でもそこに女のコが来るわけですよ。しかもその女のコは俺に好意的だから俺も川崎球場に行くんですよ。

——熱中症でぶっ倒れないでくださいよ。

山本　そんな感じで、もういろんな可能性があるわけですよ。こないだも居酒屋でさ、その店のマスターは井上義啓編集長とターザン山本のことが大好きっていう昭和のガチガチのプロレスファンなんだけど、そのマスターと映画『レオン』の話で盛り上がっていたんですよ。「マチルダはいいね」とか言ってね。そうしたらカウンターにいた20代前半くらいの女のコが話しかけてきて「私も『レオン』が大好き」って言ってきたんだよね！　そっから意気投合したわけですよ！　こういうのが大事なんですよ！

——そのコはターザンじゃなくて、レオンが好きなんですけどね（笑）。

山本　いやいや、俺はそういうことでも遊べるというか、楽しめるというか。実体恋愛とは違う形での脳内妄想で人生を楽しむというさ、もうそれでいいじゃないの。だから逆に言ったら、現実的にはもの凄く厳しくて、つらくて、耐えられないことが山ほどあるという認識を、いまの若い人たちは凄く強く持ってるんですよ。だったら脳内のバーチャルで生きていきたいということでバーチャルにシフトしている人が山ほどいるし、そのバーチャルを作品にするっていう人も山ほどいるわけですよ。そうすると俺たちも年齢がいっていて、俺はもう75歳であとは死ぬだけなんだけど、自分の脳内をバーチャルの世界にして、その中に『レオン』が好きな女のコがいるとか、大仁田の電流爆破マッチを一緒に観に行く女のコがいるとか、そうすればそれなりになんとなく楽しいでしょ。

——いや、そのコたちはバーチャルじゃなくて実在するわけですよね。

山本　今日だって16時に恵比寿がいるわけだけど。それって現実的に接触したりはするんだけど、自分の脳内にバーチャル化していったほうがよりいいんじゃないかと。

——脳内でいったいどんなことを考えているんだか……（笑）。

山本　これがいちばん相手に迷惑がかからないんですよ。しかもタダだしね。

ターザン山本！
（たーざん・やまもと）
1946年4月26日生まれ、山口県岩国市出身。ライター。元『週刊プロレス』編集長。
立命館大学を中退後、映写技師を経て新大阪新聞社に入社して『週刊ファイト』で記者を務める。その後、ベースボール・マガジン社に移籍。1987年に『週刊プロレス』の編集長に就任し、"活字プロレス""密航"などの流行語を生み、週プロを公称40万部という怪物メディアへと成長させた。

吉泉先生が「次回からはまた一話完結に戻す」と決意⁉

今時マスクもしねえってのはどういうつもりなんだよ
あっ
いい女だと思ってたら
おいおいよく見りゃババアだぞ
ギャハハハハハ
うっかりひがんじまったじゃねえか
うひゃひゃひゃひゃ
あれ？
ぬっ

このおっさんでかくね？
え
わっ
ぐいっ
バタ
バタ
バタ
ひいいいいいいい
バタ
バタ

ばしゃん
わーーっ
たすけてくれーー
パンパン
帰るか
げへげへげへげへ

KENICHI ITO

涙枯れるまで泣くほうがEマイナー

VOL.09

神との遭遇

伊藤健一

（いとう・けんいち）
1975年11月9日生まれ、東京都港区出身。格闘家、さらに企業家としての顔を持つため"闘うIT社長"と呼ばれている。ターザン山本！信奉者であり、UWF研究家でもある。

大人になってよかったなと思うことは、神・アントニオ猪木と意外と何回も遭遇できていることである。

私の職場は六本木なので、ちょっと前までは行きつけの飲み屋からの帰りの道で歩く神を何度も目撃したし、じつは一度だけ飲みの席でご一緒させていただいたこともある（緊張で記憶がない）。

私が神と初めて遭遇したのは2005年12月30日、浅草・花やしき。新日本プロレス暗黒時代の象徴であるあの「闘魂神社」だ。

雑誌やネットでその存在を知っている人は多いと思うが、実際に現場に行ったという人は少ないと思う。そう、私は現場にいたのだ。

当時、暗黒時代（あの頃はふらっと会場に行けばチケットを買えたり、気軽にプロレスを観られていい部分もあった）の新日ファンだった私は、プロレスファンの同級生である加藤幸治（仮名）と花やしきに向かった。

ご両親を早くに亡くした加藤は、その年も孤独な年末年始を過ごしており、1・4東京ドームで年明け初めて人と会話をするという悲惨な状況だった。

そんな彼もいまは結婚をし、ふたりの子どもに恵まれたが、逆にいまは「自分の時間がねえ！」と日々カッカしている。

花やしきに着くと、舞台上では紋つき袴を着用した神が、当時は恒例だった新日批判をしていた。それなりに見学者はいたが、プロレスファンの姿はほとんどなく、たまたま花やしきに遊びに来ていた人が多勢であった。

そして神が舞台裏へと下がり、第三世代の永田、中西、小島、そして棚橋も出てくると、伝説となっている1・4の招待券を配り始めたのだった！　瞬く間にお客さんたちはカッカし、一斉に舞台に集まってしまったことでかなりのカオス状態となった。

チケットを配っている第三世代の悲しそうな顔がいまでも印象的だし、中西などは「ちゃんと並んでください！」と一生懸命に声を出していて「いい人だな」と思ったが、それが逆にせつなかった。

そんな私も中西からちゃっかりチケット

嵐が駆け足で去っていった
あれほど荒れ狂った場内が
最後の人影が消え　灯がおちると
元の静けさを取り戻していた
薄暗くなった室内に
非常灯の明かりが怪しく光っている
すべてを賭けた男が挑む意地の闘い
そんな興奮も闘いが終われば
空しく観客の波の中へと去っていった

をもらったのち（笑）、トイレに行くと、そこで神と遭遇したのだ！

思わず「サインをください！」と、なぜか持っていたライオンマークの新日フラッグを差し出す。すると神は「ん？」と怪訝そうな表情を浮かべたが、お付きの関係者に「端っこひっぱれ」と指示をしてフラッグにサインを書いてくれたのだった！

これが神との初遭遇である。暗黒時代の象徴である闘魂神社も、私にとっては最高の思い出の場所として心に刻まれている。

次は2006年6月26日に横浜赤レンガで行われた「猪木vsアリ30周年記念パーティー」。

この催しは「赤レンガの巨大スクリーンに猪木vsアリ戦を放送！」と大々的に宣伝しており、当時オフィスが横浜だった私は仕事帰りに喜び勇んで現地に駆けつけた。だが、その巨大スクリーン前にいたのはなぜか私ひとりだけだった……。

当日は小雨も降っており、このままひとり外で猪木vsアリを観ているのもつらいので、招待客しか入れないパーティー会場のほうの様子を見に行くことに。

受付の前に着くと「名刺をください」と言われたので差し出すと、なぜかそのままパーティー会場に入ることができてしまった……。当時は毎日ちゃんとスーツで仕事に行っており（いまはTシャツ＆短パン）、それが功を奏したのか。

パーティーは立食形式で、新日の所属選手も全員いて、数年後にモンスターモーニングで名を馳せる中西がひとりで料理をめちゃめちゃ食っていたことを憶えている。

そしてもちろん、神の壇上スピーチは恒例の新日批判だった。さらに当時ポエムにハマっていた神は、大きなカンペの紙を携えながら新作ポエムの朗読も披露した。

パーティーが終わり、「今日はラッキーだったな」と思いながら外を歩いていたら、白いロールスロイスがすーっと私の目の前に停まり、赤レンガから神が出てきたのである！

びっくりして立ち尽くしていると、神は私の真横に立ち止まり、一斉に集まってきた記者たちの質問を受け始めた。これは当時恒例だったアントン成田会見の横浜編だ。もちろん、その内容のほとんどは新日批判だった。

会見が終了し、ロールスロイスに乗り込まんとする神がなぜか私に「はい」と先ほどのポエムのカンペを手渡してくれた。新日批判を繰り広げているうちに神もカッカしたのだろう、そのカンペはクシャクシャでボロボロの状態であった。

「嵐が駆け足で去っていった　あれほど荒れ狂った場内が　最後の人影が消え　灯がおちると元の静けさを取り戻していた　薄暗くなった室内に　非常灯の明かりが怪しく光っている　すべてを賭けた男が挑む意地の闘い　そんな興奮も闘いが終われば　虚しく観客の波の中へと去っていった」

どんな闘病も、神にとってはイージーファイトであると私は信じている。それでも私たちは神を応援せざるをえない。

世界一強いアントニオ猪木頑張れ！

マッスル坂井と真夜中のテレフォンで。

8/16

MUSCLE SAKAI DEEPNIGHT TELEPHONE

「ホントにもしもまかり間違ってね、五輪の開会式でパワポでプレゼンしてくれみたいな話が来たとしてもつらいじゃないですか。自分が過去に言ったこととかやってきたこと、リング上での発言とかも全部掘りかえされるならアウトですよね」

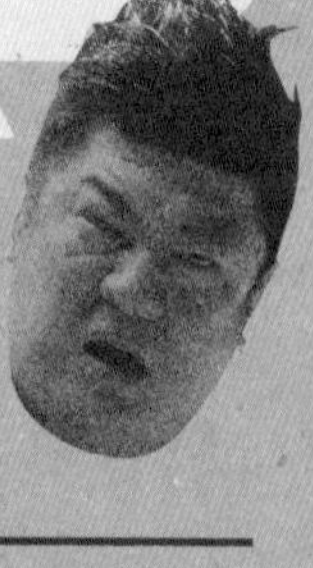

「今後はＮＧ項目が多岐にわたって見直されていくわけだから、自分は陽の当たる場所に行っちゃいけない」

坂井　今月の表紙と巻頭はだぁれ？

――中邑真輔様でございます。

坂井　あっ、またチャンピオンになっていましたよね!?　って俺も無邪気だな（笑）。でも凄いなあ。あとはどなたが？

――あとは佐久間宣行さんとか浜崎朱加さんとか。

坂井　キングとクイーンばっかが揃ってるじゃないですか（笑）。プロレス界のキング、エンタメ界のキング、女子ＭＭＡ界のクイーンと。

――揃い踏みですね。そこでマッスル坂井さんは？

坂井　俺？　俺はもう新潟のゴミですよ、ゴミ！

――どうした!?　自分のことをゴミって言わないでよ。ご両親が悲しむから。

坂井　あ？　いや、ただ単に緩急をつけようと思っただけというか、先ほどの御三方を引き立たせるためにあえて下に降りてみたんです。

――あー！　額面通りに受け取っちゃってすみません……。

坂井　失礼ですよ、ホントに。俺はだいたいの人よりもがんばってますよ（笑）。

――いや、マジでゴミになるようなとんでもない出来事があったのかなと思って。

坂井　だとしたら私の準備不足。ここで俺がちょっとしたゴミエピソードを準備しておくべきでしたね。

構成：井上崇宏

――ここは痛み分けですね。
坂井　でもね、実際はゴミエピソードがあるんですよ……。純烈の映画のスピンオフ作品があって、それに自分も出演させてもらってるんですけど、こないだそれの舞台になっている新潟のあるホテルに行ったんですよ。当然、行ったら気づかれちゃうだろうなーって思っていたんだけど、誰からも気づかれなかった。こういう話とかはちゃんとありますよ。でもそれはあまりにも準備されすぎてる！　もうほかでもしている話だし。だからこれはピュアな媒体である『KAMINOGE』では出せなかった！　ここは裸になる場所だから。
――……じゃあ、それ以外のエピソードをお願いしますよ。
坂井　それ以外は……ないですよ、ホントに（笑）。でもリアルにまだ誰にも言っていない話だけど、YouTubeの「街録チャンネル」ってあるじゃないですか？
――あるねえ。
坂井　あそこからオファーが来て、出るべきか否か、いまちょっと悩んでる。いや、うれしいし、ありがたいですよ。凄く影響力もあるでしょうから、いまやっている自分の仕事、プロレスラーとしても、新潟でやっている金型の仕事とかのプロモーションになるんでしょうけど、やっぱあのサムネイルにあるショッキングな見出しの羅列に俺は耐えられるかっていう。「精神崩壊」とか「逮捕」とか「自殺未遂」とかって言葉が躍っているじゃないですか。
――そうね。ぶっちゃけ話をするっていう。
坂井　俺がそんな見出しクラスのエピソードを出せるかなって思って。
――いや、出す出さないは置いておいて、坂井さんのこれまでの半生を知る私としては、そんな場所でも十分に通用するエピソードが山ほどありますよね（笑）。
坂井　マジですか。いや、たとえばだけど、ホントにもしもまかり間違ってね、「ちょっとオリンピックの開会式で、パワポでプレゼンしてください」みたいな話がそれなりの知り合いから来たとしても、つらいじゃないですか。自分が過去に言ったこととかやってきたこと、あとはプロレスのリング上での発言とかも全部掘りかえされるならアウトじゃないですか。何をどう揶揄してるかわからないから。
――そうですね。
坂井　しかもこれからは、そういうNG項目が多岐にわたって見直されていくわけだから。だからもう、自分は絶対にそういった陽の当たる場所に行っちゃいけないんだとか思うけど、うっかりNHKとかEテレとかが俺をMCで使っちゃったりするのもあるあるじゃないですか。で、街録チャンネルはどうしたらいいですか？
――まあ、出たほうがいいんじゃないの。私は余裕でこなせると思いますけど。
坂井　そうですかねえ。これは松竹芸能の湯澤マネージャーから「どうします？」って言われたんだけど、じつはけっこう湯澤マネージャーが売り込んでくれているんだろうなと思っているんですよ、じつは。
――あー、なるほど。
坂井　TKOの木本さんは苦労していた時期もあったり、木下さんの件とかでけっこう波乱万丈だったりするし、チンコ謎かけでおなじみの紺野ぶるまさんもかつて悪徳事務所に騙されたという過去があると。その流れで松竹の所属リストを見て「じゃあ、あとはスーパー・ササダンゴ・マシンかな」っていうふうになったのではなく、ちゃんと湯澤マネージャーからのプレゼン

KAMINOGE COLUMN

があったと思うんですよね。

——そうか、いろいろあるんですね。

坂井　そう考えたら、ちょっと守りに入るのもよくないというか、ちゃんとお受けしないといけないのかなって思ったりもしていますよ。

「俺はちょっと悪い企みをしてるんじゃないかとか、揚げ足を取ろうとしてるんじゃないかって常に思われがち」

——出ましょう。でも、いまあらためて出演した人たちの面々を見てるけど、ホントに波乱万丈伝だね。

坂井　それと、そうそうたる面々がけっこう出演を受けているんだなっていう部分もありますよね。芸人が多いけど、これが求められているのがわからなくもないというか。あとは作り手がどういう準備の仕方をしているのかわからないけど、ホントの程よい距離感でインタビューをしているじゃないですか。

——わかる、わかる。淡々とね。

坂井　どこまで興味があるのかないのかも含めて、いまっぽいなーって。話し手とか対象者に寄り添いすぎて、いろいろと気を遣いながら編集して、結果的に視聴回数がそんなにいかないってパターンじゃなく、このチャンネルをやっている人はけっこう煽って煽って、下手したら都合良く編集したとしても結果的にたくさん観られるような動画を作るわけじゃないですか。それでちょっと凄いなとも思っていて。それはＹｏｕＴｕｂｅの光と影というか、タレントや芸人とかがそこに対して抗えない何かがありますよね。なんか踏み絵みたいなもんじゃないですか。

——ちょっと互いに競争させられている感もあるしね。

坂井　再生回数とかででしょ。そこをまったく同条件で競い合うっていうね。その中で水道橋博士さんは前編・後編になっている時点でけっこうイケてるんじゃないかと思う部分もあるわけですよ。

——イケてるって。いや、話が長いだけだと思うけどね（笑）。

坂井　ギクッ。

——お話が止まらずに「これ全部切らないで流してよ」って言われたんじゃないかな。

坂井　あー、それが条件みたいな。

——そうそう。「幻冬舎・箕輪に歯折られ鬱病」っていいキャッチだなあ（笑）。

坂井　そことそこがダイレクトでつながってるってなかなか思わない部分もありますよね。たしかにボクシング対決をやってたなと思うけど、見ているこっちはそれぞれの出来事が１個１個独立していたっていうか。そこが博士の強さだなとは思うけど。

——自分で物語を紡ぐっていうね。

坂井　男の星座をね。

——しかし歯を折られて鬱病になるって、タイマンって怖いな。

坂井　しかも博士は語り継ぐタイプの人、紡ぐ人ですから余計に怖いですよね。それよりも佐久間宣行さんはどうでしたか？　大井さんのコーナー企画ですよね？

——佐久間さんはインプットの人でした。とにかく寸暇や寝る間を惜しんで映画を観たり、芝居を観たりしていると。それを聞いていて、これは甲本ヒロトさんの言う「俺は死ぬまで受け手だ」にも通ずるものがあるのかなと。いちばんの目的はレコードを聴くことで、自分たちが音楽をやるのはその次っていう。とにかくレコードをたくさん聴くために生きているっていう。

坂井　佐久間さんも、いちばんいい作品に触れるために業界のトップランナーにいるっていうことなのか。

――それは仕事のためとか勉強のためとかじゃなく、ただただ好きだからっていう。そういう話を聞くと自分は偉人にはなれねえなと思いますよ。私はいつも気が散っていますから。

坂井　そうなのかなあ。なれないかな？

――はい？　いやこれ、なんの含みもないよ？

坂井　あっ、さっき俺が使った謙遜かもしれないなと思って。甲本ヒロトさんをさらに引き立たせるための作戦ですよね？（笑）。

――いやいや、違う！　そんな警戒しないで。ホントに日々気が散ってるから。これまでの人生でそんな作戦、立てたことないわ（笑）。

坂井　たしかにこういう俺みたいな発想とか考え方でやっていると、一流の人からは好かれないんですよ（笑）。

――わかる。最高のお膳立てをしたつもりが逆に（笑）。

坂井　そういうことをやるヤツって結局ダメだから、俺とかはそういう舞台には立てないからね。最近そんなことにことごとく気づく、ホントに……。「このまま一生を終えるんだろうな」っていう感じが超出てますよ。

――でも坂井さんには、何か一矢を報いようとする気概があるじゃないですか。

坂井　俺にそんな気概があります？

――「いま新潟のゴミって言ったのはね、こういう意味なの。この発想はおもしろいでしょ？」っていう。

坂井　なるほど（笑）。

――私にはそんな気概がないぶん、偉人たちからは好かれるでしょうね（笑）。

坂井　どうしても俺の場合は、ちょっと悪い企みを1個してるんじゃないかとか、揚げ足を取ろうとしてるんじゃないかとかって常に思われがち。とりあえずその場は穏便に収めるけど、「どうせ、あとで新潟に帰ってから悪口を言うんでしょ」「自分の安全圏内で『こないださあ』って言うわけでしょ」みたいな。

――あるある。たしかにそのムードはめちゃくちゃあるわ（笑）。

坂井　「どうせ『まっする』で茶化すんでしょ」とか。そういうのも含めてまわりに気を遣われている感じがするんですよ。9月1日にね、また『まっする』をやるんですよ。それで打ち合わせとかもちょっとずつ始まっていて、こないだ俺がふとトイレに行ったときにDDTの今林さんがあとからついてきて隣に立ってね。「坂井、そういえばさ、ちょっと今回の『まっする』ではノアさんや山田邦子さんの名前を出すのはちょっとやめておこうな。いろいろあるからさ」みたいに言ってきて（笑）。

――アハハハハ！　めっちゃ気を遣われてるやん（笑）。

坂井　わざわざそういうシチュエーションとタイミングを見計らってね、重くならない感じで言われたことに凄く強制力を感じたよね。

――用を足すという快楽の時間にね（笑）。

坂井　いちばんこっちが重く捉えないタイミングというか。だから凄く気を遣われてる感じがしましたね。自分が何か言うと怒る人がいて、それでやりづらくなったりするんだなって思うと、俺ももうDDTの事務所には行けないよ。

KAMINOGE №117

次号 KAMINOGE118 は 2021 年 10 月 5 日（火）発売予定！

アミバ好演!!
1973 年の新宿伊勢丹襲撃事件をぼんやりと再現中、
おまわりさんが通りがかったのであわててとぼけるAACC軍団。

2021 年 9 月 16 日
初版第 1 刷発行

発行人
後尾和男

制作
玄文社

編集
有限会社ペールワンズ
（『KAMINOGE』編集部）
〒 154-0003
東京都世田谷区上馬 1-33-3
KAMIUMA PLACE 106

WRITE AND WRITE
井上崇宏
堀江ガンツ

編集協力
佐藤篤
村上陽子

デザイン
高梨仁史

表紙デザイン
井口弘史

カメラマン
タイコウクニヨシ
保高幸子

編者
KAMINOGE 編集部

発行所
玄文社
[本社]
〒 107-0052
東京都港区高輪 4-8-11-306
[事業所]
東京都新宿区水道町 2-15
新灯ビル
TEL:03-5206-4010
FAX:03-5206-4011

印刷・製本
新灯印刷株式会社

本文用紙：
OK アドニスラフ　W A/T 46.5kg